Kryptowährungen
Investment Bibel
- Profitabel Investieren in die Blockchain

APO SVALLEY

Apo Svalley SocialMedia
@aposvalley

APO SVALLEY

Erste Auflage 2018

Design: Abdullah Gül
Covergestaltung: Abdullah Gül

Disclaimer

Die Inhalte des Werkes wurden sorgfältig und nach bestem Gewissen erstellt. Alle Quellen und Studien, die zur Erstellung dieses Buches herangezogen wurden, wurden vorher ausgiebig überprüft und für qualitativ hochwertig befunden. Der Verlag und der Autor können weder Haftung für Personen-, Sach- noch Vermögensschäden übernehmen. Beachten Sie, dass der Inhalt dieses Werkes auf der persönlichen Meinung des Autors basiert, dem Unterhaltungszweck dient und nicht mit Investitionshilfe gleichgesetzt werden darf. Gleichwohl kann für die Aktualität, Vollständigkeit und Richtigkeit der Informationen keine Gewähr übernommen werden. Dieses Buch enthält Verknüpfungen zu Inhalten Dritter (sog. «externe Links»). Da wir auf solche Inhalte keinen Einfluss haben, kann für die fremden Inhalte keine Gewähr übernommen werden. Für die Inhalte und die Richtigkeit der Informationen ist stets der jeweilige Informationsanbieter der verlinkten Webseite verantwortlich. Investitionsanlagen in Kryptowährungen oder andere Formen von Investitionen sind immer mit Risiken behaftet. Alle Texte sowie die Hinweise und Informationen stellen keine Anlageberatung oder -empfehlung dar. Alle zur Verfügung gestellten Informationen (alle Gedanken, Prognosen, Kommentare, Hinweise, Ratschläge etc.) dienen allein der Bildung und der privaten Unterhaltung. Eine Haftung für die Richtigkeit kann in jedem Einzelfall trotzdem nicht übernommen werden. Sollten die Leser dieses Werkes sich die angebotenen Inhalte zu eigen machen oder Ratschlägen folgen, so handeln sie eigenverantwortlich (Angaben gemäß §34b WpHG).

APO SVALLEY

Dieses Buch ist allen Menschen gewidmet, die visionär genug sind, um die enormen Chancen zu erkennen, die uns in diesem neuen digitalen Zeitalter geboten werden. Und die mutig genug sind, das Glück nicht nur in ihrem persönlichen Leben, sondern auch in ihren Finanzen zu fordern und zu suchen.

INHALTSVERZEICHNIS

Kryptowährungen
Investment Bibel

- Profitabel Investieren in die Blockchain

1 EINLEITUNG

Es ist ein warmer Herbsttag. Ich sitze vor meinem Laptop und analysiere auf der Handelsplattform von Poloniex die Trading Charts: „Es ist Zeit, 500.000 Einheiten Siacoin (SIA) (=entspricht momentan einen Wert von ca. $20.000) in BitcoinCash (BCH) umzuwandeln, und innerhalb weniger Stunden Profit zu machen – das wird zu 100% klappen!"

Ein grandioser Plan, dachte ich anfangs. Wir sind in den Anfangszeiten von BCH, einem Fork von Bitcoin. Was das genau ist und wie ich zu dem Entschluss gekommen bin, genau zu diesem Zeitpunkt in BCH zu investieren, erfährst du im Laufe dieses Buches. Ich bin mir nach einer ausgiebigen Analyse sicher, dass der Preis immens steigen wird. Und siehe da: Innerhalb weniger Stunden verzeichne ich einen Gewinn von $14.000. Es wird Zeit, meine BCH Anteile wieder zurück in SIA-Anteile umzuwandeln, da ich nach wie vor die Technologie von SIA als innovativ und zukunftsstark ansehe. Entsetzt stelle ich fest, dass Siacoin heute ebenfalls ein Allzeithoch hatte, und meine Anteile um ca. $27.000 gestiegen wären. Ein komisches Gefühl breitet sich in meinem Magen aus. Vor wenigen Minuten noch glückserfüllt, bemerke ich nun, dass ich $13.000 mehr haben könnte.

Ich weiß, was du dir denkst: „Mehr als 100% an einem Tag? Das ist doch gar nicht möglich! Deutsche Börsennachrichten, Wall-Street-Experten und ein amerikanischer Finanzguru/Politiker mit orangefarbenen Haaren betiteln 12,5% in einem Jahr als äußerst gut und effizient angelegt!". Einerseits könnte ich dir nun seitenlang entgegen argumentieren. Vorerst ist jedoch meine Freude über deinen Erwerb dieses Buches größer, weshalb ich dir erst einmal gratulieren möchte: Du bist gerade dabei, in einen Markt zu investieren, der sich noch im Anfangsstadium befindet. Die Blockchain (Die Technologie hinter Bitcoin) ist nach der Erfindung des Internets die wohl bedeutendste Innovation für unsere Wirtschaft:

„Die Technologie, die die Geschäfte des nächsten Jahrzehnts mit hoher Wahrscheinlichkeit verändern wird, ist nicht Social Media, Cloudstorage, Virtual Reality, Augmented Reality oder sogar Artificial Intelligence (künstliche Intelligenz). Nein, es ist viel mehr die Blockchain, die Technologie hinter Kryptowährungen wie Bitcoin, Ethereum und Co."
– Alex Tapscott, Harvard Universität, 10. Mai 2016

Innovation kreiert Möglichkeiten - großartige Möglichkeiten: Stundenlange Arbeit bis ins Morgengrauen, Charts- und Technologieanalysen, vollgeschriebene Notizbücher, stundenlange Livetelefonate, so weit, dass ich eine Zeit lang sogar von der Blockchain träumte. Zwischendurch erhielt ich (natürlich) oftmals Drohungen meiner geliebten Mrs., mich zu verlassen, da ich nur noch vor meinen Kryptowährungen sitze. Kaum vorstellbar, dass ich noch vor einem Jahr von wenigen tausend Euro Erspartem lebte. Ich wusste, dass das nicht alles sein kann. Millionen von Leuten demonstrieren uns, dass es auch anders geht. Ich wusste, sobald ich genügend Arbeit investiere, werde ich schlussendlich dafür belohnt. Mein Ziel ist es natürlich nicht, mich selbst in höchsten Tönen zu loben und mir selbst auf die Schulter zu klopfen, denn in diesem Buch geht es ganz allein nur um dich und welche Vorteile und welches Wissen du aus diesem Werk ziehen kannst. Ich selbst hätte nämlich viele Fehler auf meinem Weg vermeiden können, wenn es statt semi-professionellen Tutorials und siebzigseitigen Büchern eine gut strukturierte und deutsche Lektüre zu diesem Thema gäbe, welche einem genau demonstriert, wie es geht. Ich möchte vielen Anfängern und Fortgeschrittenen mit diesem Werk das geben, was ich mir von Anfang an gewünscht hätte: Eine Anleitung, um Bitcoin, Ethereum, Altcoins und ganz besonders die Technologie hinter der Blockchain zu verstehen, und abzuwägen, nach welchen Kriterien und vor allem wie man richtig investiert und Profite erwirtschaftet.

Wir stehen momentan vor einer riesigen Veränderung. Ein innovativer Markt in der Blütezeit seiner Entstehung.

Ich vergleiche dies gerne mit dem WorldWideWeb-Boom am Ende des 20. Jahrhunderts. Vor unseren Augen werden Tag für Tag neue Möglichkeiten kreiert: Die Preise von verschiedenen Kryptowährungen steigen täglich, ohne dass wir es wirklich wahrnehmen. Als ich dieses Werk geschrieben habe, habe ich den Kurs jeden Tag mitverfolgt, wobei der Marktwert vorerst um 600 Milliarden Dollar gestiegen und danach um 400 Milliarden Dollar gefallen ist. Unglaubliche Zahlen! Es ist schwierig, Bücher über Märkte zu schreiben, die sich mit so einer Geschwindigkeit und durch so viele talentierte Köpfe vorangetrieben werden. Der Kurs kann sich innerhalb eines Tages ähnlich wie der Aktienmarkt innerhalb eines ganzen Jahres verändern (Positiv und auch Negativ). Bitcoin nimmt momentan (Stand Anfang 2018) die größte Marktkapazität ein. Ich liebe Bitcoin. Wir als intelligente Investoren müssen verstehen, dass wir in einer Zeit angekommen sind, in der viele verschiedene Kryptowährungen entstehen, die dir nicht nur einen erheblichen Profit verschaffen können, sondern darüber hinaus die Welt positiv beeinflussen können. Die Blockchain kann mehr Probleme lösen, als wir momentan noch ahnen. Sie ist ein dezentralisiertes System, dass uns Menschen endlich vollständig unsere Freiheit zurückgibt. Ich bin kein Revolutionär oder Ähnliches, ich bin nur ein Mann, der die Möglichkeiten und Fähigkeiten dieser Technologie glücklicherweise weitgehend früh bemerkt hat – genauso wie du!

Ich verspreche dir nicht, dass dies ein Werde-Schnell-Reich-System ist, doch ich verspreche dir, wenn du dir die Zeit nimmst, die Technologie hinter Blockchain, die

Fähigkeiten und das riesige Potential hinter innovativen Kryptowährungen zu verstehen und dich darüber hinaus stetig und aktiv weiterbildest, dann kannst du durch diese Technologie hohe Gewinne erzielen. Der erste Schritt ist die Weiterbildung. Ich habe in meinen Anfangszeiten jegliche Form von Information wortwörtlich aufgesaugt, hinterfragt und analysiert. Und das Gleiche empfehle ich dir. Obwohl dieses Buch alle Informationen abdeckt, welche du für deinen Investmentstart benötigst, verfolge stets aktuelle Neuigkeiten und Nachrichten. Viele Leute behaupten, dass Kryptowährungen Glücksinvestitionen sind, was keinesfalls stimmt. Spätestens, wenn die Wall Street das Potential hinter Kryptowährungen entdeckt, werden sehr viele hart arbeitende und kluge Köpfe in den Markt einspringen, den Markt (und verschiedene Währungen) genauestens analysieren und die Spreu wird sich vom Weizen trennen. Hast du sporadisch Leute sagen hören, der Hype und das Wachstum der Blockchain seien bereits vorbei? Anfang 2018 diskutierten Wall Street Broker das erste Mal über Blockchain ETF's. Die erfolgreiche Integration wird sich jedoch wahrscheinlich noch über einige Monate/Jahre hinziehen.

Was heißt das im übertragenen Sinne? Die beste Technologie mit der größten Usability wird sich durchsetzen. Diese wird nicht nur um 50-100% steigen, sondern der Wert wird explodieren. Der Kryptomarkt verhält sich momentan zwischen 300-700 Milliarden Dollar. Verglichen mit dem Potential dieser Technologie und dem zukünftigen Mehrwert für unsere Gesellschaft, nimmt diese Technologie gerade einmal 10% des aktuellen Goldmarktes ein. Da stellt sich die Frage, was mehr Wert für Menschen bietet: Eine Geldanlage in Form von Gold mit keinem (richtigen) Mehrwert für die Gesellschaft oder eine Technologie, die die Welt verbessert, befreit und dezentralisiert, und gleichzeitig ebenfalls als Geldanlage benutzt werden kann? Die Antwort zu dieser Frage halte ich offen, und ich hoffe, du beantwortest sie richtig.

Intention dieses Werkes ist es, dir die Technologie hinter Blockchain näherzubringen und dich zu trainieren, die richtigen Kryptowährungen zu analysieren, auszuwählen und in diese langfristig zu investieren. Ebenfalls behandelt ein Teil dieses Werkes die fundamentalen Basics des Daytradings, da mir diese Fähigkeiten am Anfang sehr viel Geld eingebracht hätten und ich ebenfalls sehr viele Fehler hätte vermeiden können (Wann ist der beste Zeitpunkt zum Investieren? Wann kann ich mit einem Crash rechnen?). Einerseits musst du verstehen, welche Kryptowährungen zukünftig an Wert gewinnen und welche auf Hype aufgebaut sind. Des Weiteren ist es genauso wichtig, Graphen zu lesen und zu wissen, wie der Markt funktioniert, um Prognosen fällen zu können.

Im Laufe dieses Buches befinden sich verschiedene Links zu exklusiven Videos, welche dir noch einmal tieferen Einblick in diese Thematik verschaffen. Außerdem habe ich am Ende dieses Werkes ein Trainingsvideo für dich kostenlos zusammengestellt. Mein Ziel ist, dir das nötige Wissen mitzugeben, welches du benötigst, um alleine und selbstständig auf dem Kryptomarkt Gewinne zu erzielen. Dieses Buch beabsichtigt, dir das richtige Mindset zu zeigen, sodass du richtige Investitionen und Daytrades unabhängig von mir tätigen kannst. Womit wir zum Titel dieses Werkes kommen: Diese „Bibel" gibt dir das Wichtigste mit, um dich über die innovativste Technologie aus diesem Jahr aufzuklären.

Die wichtigsten Fragen zur Blockchain-Technologie werden in der „Kryptowährungen Investment Bibel" vorteilhaft für Beginner und Fortgeschrittene diskutiert, wobei jede Fragestellung auch ein eigenes Buch füllen könnte:

1. Was bzw. welche? – Was ist das für eine neue Technologie? Was kann ich mir darunter vorstellen? Welche Informationen sind notwendig, um diese Technologie zu verstehen? Welche Industrien werden von der Blockchain erobert – und warum?

2. Warum? – Warum ist es wichtig, intelligente Investments zu tätigen und die Industriegewinner auszusuchen? Warum ist es wichtig, dein Portfolio (Wertbestand) stets im Auge zu behalten?

3. Wie? – Wie kaufe ich Kryptowährungen ein? Wie verstaue ich meine Kryptowährungen sicher? Wie melde ich mich auf Handelsplattformen an? Wie sehe ich voraus, dass der Markt vor einem Boom oder Crash steht?

Dieses Buch und die neue Technologie mag sich anfangs kompliziert anhören. Jedoch ergreifst du sehr früh die Initiative, dich über die aktuelle Investitionsmöglichkeit zu informieren. Je schwieriger, sich in etwas einzulesen, desto mehr Leute scheitern an den ersten Hürden und desto mehr Geld kann man dabei (in den Anfangszeiten) verdienen. Zum Abschluss der Einleitung gebe ich dir noch einen kleinen Denkanstoß in Form einer Geschichte mit:

Als viele Leute am Anfang des 21 Jahrhunderts dachten, die Dotcomblase sei zu Ende, kristallisierte sich zu dieser Zeit eine neue Form von Multimillionen-Industrie: Social Media. Das Internet wurde Jahre zuvor (1989) entwickelt, doch niemand hielt es für möglich, dass innovative Unternehmen 26 Jahre später (z.b. Snapchat 2015) den Markt erobern würden. Zuvor versagten Social-Media-Vorreiter ca. für 15 Jahre, bis 2004 ein junger Mann namens Mark Zuckerberg „The Facebook" codierte. Oder hast du schon mal etwas von Geocities (1994), Friendster (2002) oder MySpace (2002) gehört?

Kann es sein, dass Bitcoin ein Vorreiter der Blockchain ist und die wirklich innovativen Unternehmen und Kryptowährungen hierzu noch nicht einmal auf dem Markt sind?

Was wäre das für ein Gefühl, 2004 1000€ in Facebook-Aktien investiert zu haben?

Was wäre das für ein Gefühl, 2014 1000€ in Snapchat-Aktien investiert zu haben?

Was wäre das für ein Gefühl, 2018 1000€ in das nächste explodierende Blockchain-Startup zu investieren?

Wie würde sich dein Leben verändern?

2 VORWORT ZU INTELLIGENTEN INVESTOREN

Unsere Aufgabe als intelligente Investoren ist es, zwischen guten Investments mit einer funktionierenden Technologie, einem guten Team und einer goldenen Zukunft, verglichen mit Scam-Projekten zu differenzieren. Vergleiche deine Investmentstrategie mit einer Partie Schach. Du hast die Möglichkeit, alle Züge im Voraus zu planen und die Zeit übernimmt die restlichen Aufgaben für dich. Intelligente Investments ermöglichen dir, einfach erklärt, Geld mit bereits vorhandenem Geld zu verdienen. Hierzu empfehle ich dir anfangs die bewährte HOLD-Taktik: In ein gutes Projekt investieren und abwarten. Außerdem verfügst du durch diese Taktik über den Vorteil, nach 365 Tagen keine Steuern mehr auf deine Gewinne bezahlen zu müssen. Ich fing mit der Analyse einer Kryptowährung an (Ethereum/ETH). Nach einer ausgiebigen Analyse und Einschätzung investierte ich mein Kapital, hielt die Kryptowährungen über Monate und reinvestierte einen Teil der Gewinne in alternative

Kryptowährungen. Außerdem investierte ich monatlich „neues" Geld (%-Teil meines Einkommens) in den Markt. Anfangs wird eine Investition von 10% deines Gesamtinvestitionsvolumens empfohlen, da es vorzugsweise anfangs entspannter ist, nicht das ganzes Kapital in Kryptowährungen investiert zu haben. Volatile Märkte führen schnell zu Kopfschmerzen, Verwirrung und folglich schlechten Entscheidungen. Meine Kaufbereitschaft steigerte sich immer dann, wenn meine ausgesuchten Cryptocoins gerade stark an Preis verloren hatten. Ich verfolgte beispielsweise tagelang Stellar Lumens (XLM), und schlug zu, als dieser an einem Tag um 30% fiel.

Neben der Generierung von Cashflow ist die Fähigkeit, dein Geld für dich arbeiten zu lassen, die wichtigste Eigenschaft, um finanziell unabhängig zu leben. Sobald du auf konstanter Ebene einen Euro verdoppeln kannst, hast du das finanzielle Spiel bereits gewonnen und somit eine Freiheit, für die viele Menschen ihr Leben lang arbeiten und die sie niemals erreichen werden.

Wichtig ist nicht nur, die Cryptocoins zu analysieren, sondern auch das Grundrepertoire der zugrundeliegenden Blockchain zu verstehen. Mit hoher Wahrscheinlichkeit wirst du täglich über dir unbekannte Begriffe stolpern. Forsche neue Begriffe nach und verfolge zurück, in welchem Bezug diese benutzt werden: Wissen ist Macht. Als intelligenter Investor solltest du in der Lage sein, einer fremden Person die Begriffe Blockchain, Proof of Work oder Proof of Stake in Sekundenschnelle zu erklären.

Ich bin beispielsweise in letzter Zeit oftmals über den Begriff „Unit of Account" gestolpert, sodass ich folglich nach der Bedeutung dieses Begriffs forschte. YouTube und Google sind hierbei die besten Hilfsmittel. Die grundlegenden Fundamente hinter dieser Technologie zu verstehen, ermöglicht dir Investitionsmöglichkeiten intelligenter abzuwägen und zu analysieren. Um das bekannte Zitat von Warren Buffet wiederzugeben: „The more you learn, the more you earn!" Aus diesem Grund strebt dieses Werk danach, dir erstmals die Grundtechnologie der Blockchain näherzubringen, und dir daraufhin Investitionsmöglichkeiten, Tricks und Tipps mitzugeben.

Achtung: Dieses Buch stellt dir die wichtigsten und essentiellen Inhalte der Bitcoin, Altcoins und Blockchain-Technologie vor – einfach für jeden Anfänger erklärt. Außerdem wird dir ein grobes Bild mitgegeben, wie die Blockchain die Welt verändern, viele NEUE Märkte kreieren und alte Märkte einnehmen kann.

TeilA
Definition der Technologie hinter Blockchain

+TeilB:
Gewinnorientiert investieren in Kryptowährungen

=Resultat
Deine „Kryptowährungen Investment Bibel" für die innovative und digitale Welt der Kryptowährungen

Dich erwartet in diesem Werk ein vollständiger Leitfaden für deine ersten Investitionen. Da manche Abläufe einfacher per Video gezeigt als geschrieben werden, befinden sich an verschiedenen Stellen immer wieder kleine kostenlose Bonusvideos, die dir deinen Einstieg erleichtern.

Ich fing bereits als Jugendlicher an, in den Aktienmarkt zu investieren und erinnere mich an manche Tage, an welchen ich die Oberstufe des Gymnasiums schwänzte, um Daytrading zu betreiben. Als ich das erste Mal auf Kryptowährungen stieß, entfachte sich ein Feuer der Aufregung in mir. Eine Technologie, die die Welt verändern kann und wir befinden uns in den Anfangszeiten. Meine Haupttätigkeit als Online-Marketer rückte in den Schatten und ich fand mich monatelang in Kryptoforen, YouTube und auf persönlichen Coachings wieder. Ich flog nach Amerika, um Seminare der besten Investoren der Welt anzuhören und von ihnen zu lernen. Aus diesen Erkenntnissen ist dieses Buch entstanden. Ich möchte dir gratulieren, dass du die Initiative ergreifst und dich zum Thema Geldverdienen und Investment weiterbildest. Du wirst im Laufe deiner Investitionskarriere bemerken, dass viele Leute (vor allem auf dem Kryptomarkt!) ungelehrt sind, womit uns das Geldverdienen einfacher fällt. Viel Spaß und viel Erfolg - lass uns mit deiner Ausbildung zum intelligenten Kryptomarktinvestor anfangen.

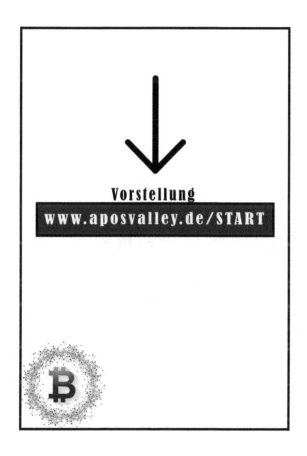

3 DAS INTERNET UND DIE VERPASSTE INVESTITIONSCHANCE

Das Internet befand sich in meiner Jugend noch in den Startlöchern – um genau zu sein, war es immer noch eine innovative Erfindung für Nerds: Amazon, Facebook, Ebay, Google und Co. existierten nicht. Doch innerhalb weniger Jahre veränderten diese Unternehmen die komplette Welt. Vor 10 Jahren war es unangenehm, über die neuste Anmeldung auf einer Online Dating Plattform zu erzählen, da sie nicht allzu hohen Ruf genossen. Heutzutage sind über 50% der Jugendlichen auf Lovoo, Tinder oder Badoo angemeldet. Nicht zuletzt konnten wir den Aufstieg von Uber mitverfolgen. Falls ich vor zehn Jahren gesagt hätte, dass Eltern ihre Kinder eines Tages einem Fremden im Auto statt einem Taxi anvertrauen, der sie zur Destination fährt, würden viele Leute mich für verrückt erklären. Nichtsdestotrotz genießt Uber heute einen Marktwert von mehr als 70 Milliarden Dollar.[1]

Ebenso verzeichneten viele weltweit präsente Unternehmen in den letzten Jahren unglaubliche Verluste in Milliardenhöhe. Walmart[2], einst der größte amerikanische Einzelhandelskonzern, wird immer weiter von Amazon verdrängt, sodass etliche Shops geschlossen werden müssen. Jeff Bezos klettert im Jahr 2018 an die Spitze der reichsten Menschen der Welt. Einstige weltweite Giganten, wie Toys'r'us[3] und Blockbuster, müssen nun die Insolvenz beantragen. Diese Unternehmen machten unglaublich große Fehler, die sie von der Spitze verdrängten: Sie sprangen nicht auf den Zug der Modernisierung auf, denn es ist ein unbequemes Gefühl, von einer Methode, die sehr gut funktioniert und diese Unternehmen an die Spitze brachte, zu wechseln und etwas Neues auszuprobieren. Doch wer Innovationen als unwichtig ansieht, der muss damit rechnen, früher oder später Umsatzeinbrüche in Milliardenhöhe zu verzeichnen.

Exkurs: Meine wichtigste Lektion als Onlinemarketer

Ich habe eine ähnliche Erfahrung gemacht, die mir vor Jahren die Augen öffnete. Ich betrieb ausgesprochen früh E-Mail-Marketing, welches sehr gute Resultate erzielte. Jedoch öffneten mit der Zeit aufgrund von unzähligen Spamnachrichten immer weniger Menschen ihren E-Mail Newsletter, weswegen ich mich nach einer Alternative umsah: Google AdWords – billig und effektiv. Anfangs überragend, verlor diese Möglichkeit mit der Zeit auch immer mehr an Effizienz. Zu guter Letzt führte mein Weg zu Facebook & Instagram Advertising – momentan unterbezahlt und eine einfache Möglichkeit, online Geld zu verdienen, Traffic zu generieren und Leads zu sammeln (Falls du kein Online-Marketing betreibst, vergiss bitte die letzte Zeile). Die Zukunft ist ungewiss, aber ich bin mir ziemlich sicher, dass Snapchat-Ads die nächste große Möglichkeit wiederspiegeln.

Die Lektion?

War es unangenehm, ein funktionierendes System aufzugeben und etwas Neues zu lernen? Ja!

Hat es sich gelohnt, die neue Technologie zu verstehen und anzuwenden, statt wie meine Konkurrenten am alten funktionierenden Konzept zu hängen? Millionenfach!

Habe ich auf meinem Weg ebenfalls in die falschen Anwendungen, Suchmaschinen und Möglichkeiten Zeit und Geld investiert? Ja! Jedoch rücken „Fehlinvestitionen" und Niederlagen bei Erfolg in den Hintergrund

Für welche Möglichkeit entscheidest du dich?

Möglichkeit 1

Du liegst abends in deinem Bett und nutzt die freie Zeit nach der Arbeit dazu, dir einen Film anzuschauen. Anstatt dich nun erneut anzuziehen, dein Haus zu verlassen, in die nächste Videothek zu fahren, dabei deinen Nachbarn zu begegnen, nochmal in ein Gespräch zu verfallen, dir verschiedene Blu-ray-Verpackungen ansehend einen möglichen Film auszusuchen, wobei du gezwungen bist, diesen nach wenigen Tagen wieder zurückzugeben, bietet sich noch eine alternative Möglichkeit:

Möglichkeit 2

Du liegst abends nackt in deinem Bett und schaltest deinen Laptop ein. Während du gemütlich durch die Medienbibliothek von FULL HD Filmen auf Netflix stöberst, wählst du in wenigen Sekunden den Film aus, der deinen Vorstellungen entspricht. Gefällt dir der Film nicht, kannst du den nächsten auswählen. Ich habe erst vor wenigen Tagen zwei Fehlfilme in Folge ausgewählt. Nach zwanzig Minuten voller Qual und Langeweile konnte ich kinderleicht auf Film Nummer drei wechseln, welcher ziemlich unterhaltsam war (Meine Freundin ist bei Film Nummer zwei schon eingeschlafen!). Welche Möglichkeit hört sich für dich attraktiver an? Und wieso hat Blockbuster an dieser Möglichkeit gezweifelt?[4]

Ich habe das Potential hinter dem Internet in den Anfangsjahren, wortwörtlich eine Goldgrube für Investoren, nicht erkannt. Ich war mir sicher, dass ich nie wieder solch eine Möglichkeit in meiner Karriere erhalten werde: Bis ich von der Blockchain hörte, welche mehr Vorteile bietet, als du wahrscheinlich momentan für möglich hältst. Seit der Erfindung des Internets verändert sich die Welt exponentiell in eine komplett positive Richtung. Ich bin nicht naiv und bin mir der politischen Lage in vielen verschiedenen Ländern bewusst, jedoch durchleben wir momentan, verglichen zu früheren Jahrhunderten, das beste Zeitalter der Menschheit in Bezug auf Frieden und Möglichkeiten, frei zu leben.

Falls du die Investmentmöglichkeiten des Internets nicht wahrgenommen hast, erhältst du nun eine zweite Chance: Um die Thematik besser zu verstehen, werden wir den Dotcomaufstieg mit dem Aufstieg der Blockchain vergleichen:

Der erste Webbrowser und Webserver unter dem Betriebssystem NeXTStep wurde im Jahre 1992 von Tim Berners-Lee entwickelt und in den darauffolgenden Jahren von Konkurrenten verdrängt und ersetzt. Die erste Kryptowährung Bitcoin, welche zeitgleich auch die älteste Technologie besitzt, wurde 2009 von einem Mann namens Satoshi Nakamoto entwickelt. Sowie das Internet die Art und Weise veränderte, wie wir unseren Alltag durchleben, so hat es zeitgleich die frühen Investoren sehr wohlhabend gemacht.

Falls du 2009 verpasst hast, 100€ in Bitcoin zu investieren (Keine Angst, es ging nicht nur dir so), als BTC das erste Mal auf öffentlichen Börsen zugänglich war, würde diese Investition nun weit mehr als über 100Millionen Euro betragen. Hättest du lediglich vor 4 Jahren 1 BTC, was damals noch unter $500 kostete, in den Ether ICO investiert, würdest du momentan 2000 ETH Coins besitzen und somit ein Vermögen von 2 Millionen USD. Nicht beachtet wurden in der Rechnung die möglichen zukünftigen Preisanstiege von ETH, welche ich in den nächsten Jahren als weit mehr als $10.000 pro Coin[5] sehe. Der Markt und die Technologie verändern sich täglich und können daher nicht hundertprozentig vorhergesagt werden, jedoch erlernt der intelligente Investor mit diesem Buch eine Fähigkeit, die es ihm ermöglicht, nach dem nächsten Amazon, Apple, Netflix oder Uber der Blockchain Ausschau zu halten und in diese zu investieren.

4 VERABSCHIEDUNG VON ZENTRALISIERTEN SYSTEMEN

Das Ergebnis der festgestellten Mängel des traditionellen zentralisierten Bankensystems ist der Hauptgrund für die Revolution der Blockchain und der Erfindung der Kryptowährungen im Jahre 2008. Zentralisierung definiert in diesem Fall eine zentrale Institution/Regierung, die die vollständige Macht über eine Sache (in diesem Fall Geld) verfügt. Dezentralisierte Systeme sind Systeme, welche von mehreren Knotenpunkten geführt werden, und somit nicht eine einzige Anlaufstelle besitzen.

Welche Mängel haben zentralisierte Institutionen? Im Folgenden werden wir nicht näher auf unsere Privatsphäre und Korruptionen eingehen, obwohl dies ebenfalls starke Argumente gegen die Zentralisierung eines Systems sind. Zuletzt habe ich erfahren, dass bei einer Transaktion zu einem Bekannten 600 Leute die Information über deine PayPal-Transaktion erhalten – 600 Leute – wo bleibt die

Privatsphäre?

Ein größeres Problem spiegelt die Versendung des Geldes in ein anderes Land wieder, da sich hierbei die Zahlung um Tage verzögern kann, bis eine Bank eine Zahlung ausführt. Mehrere Tage? Wir leben im Jahre 2018, in dem verrückte Unternehmer durch eine Rakete Autos ins Weltall befördern, welche zu jeder Zeit geortet werden können[6], und die Banken brauchen Tage, um elektronische Währungen zu transferieren und verlangen hierfür Gebühren in Höhe von 5-10%?

Warum brauchen Banken Tage für diesen Prozess?

Zum einen verliert Geld mit jeder verstrichenen Sekunde an Wert, andererseits verfügen Banken durch diese Methode zu jedem Zeitpunkt über ein hohes Maß an Kapital. Die Gründe für tagelange Überweisungen sind folglich egozentrisch. Anstatt Überweisungen über eine Bank auszuführen, können wir mithilfe einer mathematischen kryptografischen Datei, die bis dato fehlerfrei arbeitet, P2P (Mensch zu Mensch) Transaktionen ausführen. Somit würde die dritte Instanz (Bank) herausfallen und wir Menschen würden die vollständige Kontrolle über unsere Finanzen zurückerlangen. Die Blockchain wurde vorerst für den finanziellen Sektor entwickelt, gewinnt jedoch momentan eine große Popularität in allen anderen Bereichen. Im Folgenden erfährst du über die Entstehung von Bitcoin und der Technologie dahinter, und welche möglichen Industrien von dieser Technologie profitieren (können).

5 BANKCRASH 2008 UND DIE ENTSTEHUNG VON BITCOIN/BLOCKCHAIN

„There are huge benefits to size. Big banks have a
function in society."
- CEO Jamie Dimon, JPMorgen Chase

Es begann in einer unheimlichen Ruhe, doch dann
explodierte das Jahr 2008 zu einem globalen finanziellen
Erdbeben: Schwarzer Montag an der Wallstreet! Die
finanzielle Krise von 2008 erreicht mit dem
Zusammenbruch der Investmentbank „Lehman Brothers"
ihren Höhepunkt: „Die schlimmste Krise seit dem
schwarzen Freitag von 1929!" Am 15. September 2008
meldete „Lehman Brothers" die Insolvenz an. Mit 619
Milliarden Dollar an Schulden war Lehmans
Insolvenzantrag der größte Antrag der Geschichte. Diese
Werte übertreffen die Vermögenswerte der ehemaligen

Dotcomblase bei weitem. Ein Zusammenbruch, der in den nächsten Monaten ein finanzielles Armageddon in den USA und folglich auf der ganzen Welt auslöste. Unter anderen kamen Merrill Lynch, HBOS, Royal Bank of Scotland, Fortis und viele mehr nur knapp davon und überlebten nur aufgrund von risikofreudigen Rettungsaktionen. Ein weiterer Höhepunkt ereignete sich, als die Investmentbank Bear Stearns zu einem Spottpreis von der drittgrößten amerikanischen Bank JP Morgan Chase aufgekauft wurde. Der Kauf erfolgte über einen Aktientausch, wobei eine Aktie für rund $2 verkauft wurde – vor rund einem Jahr kostete eine Aktie $170, was mit einem Kurseinfall von mehr als 98% einherging.

Ein ereignisreiches Jahr, dessen Auswirkungen sich über Jahre, wenn nicht über Jahrzehnte hinwegziehen werden. Diese Krise kostete die Ökonomie von Amerika und auch Europa Milliarden von Dollar und verbrannte gleichzeitig das Vertrauen in die Banken. Fehler zentralisierter Institutionen sorgten für den Verlust von Millionen Arbeitsstellen in Deutschland, welche mit Schulden, Kündigungen und Kurzarbeit einhergingen.[7]

Am 18. August 2008 wurde als Antwort auf diese Krise eine Domain registriert, welche unter bitcoin.org zu finden ist. Diese Webseite liefert die Grundinformationen für eine dezentralisierte Kryptowährung: Bitcoin. Kurz darauf wurde ein Whitepaper[8] [9] von „Satoshi Nakamoto" veröffentlicht, das die Wurzeln und Anfangsgedanken der Blockchain erklärt.

In einem Paragraphen aus seinem Whitepaper wird erläutert, dass sie (er und sein Team) ein finanzielles System kreierten, welches nicht auf Vertrauen in zentralisierte Organisationen beruht, sondern auf den mehrfach getesteten und sicheren Methoden der Mathematik und Kryptographie. Satoshi twitterte nach der Publizierung seines Werkes: „Ich schrieb erst den ganzen Code, um mich selbst vollständig zu überzeugen, dass ich die ganze Problematik lösen kann. Und es hat geklappt. Erst danach habe ich das Whitepaper geschrieben und die Kryptowährung veröffentlicht." Quellen zufolge hatte er im Jahr 2006 erste Überlegungen und schrieb im folgenden Jahr den Code hierzu.

Doch wer ist Satoshi Nakamoto? Bis heute ist ungewiss, wer oder was Satoshi wirklich ist. Er verblieb komplett anonym. Er schreibt auf seinen ersten Blogs, dass er ein 37-jähriger Mann sei, der in Japan lebt. Doch Leute vermuteten, er komme aus den Vereinigten Staaten, Australien, England oder sogar aus der Karibik. Seine perfekte englische Schreibweise und seine britischen Redewendungen sind Gründe für diese Vermutungen. Seine Herkunft geht auf die verschiedensten Länder zurück, wodurch die Frage aufgeworfen wird, ist Satoshi nicht nur eine Person, sondern ein ganzes Team an hochintelligenten Entwicklern und Wirtschaftlern? Das Geheimnis von Satoshis Identität konnte niemals geklärt werden. Ihm war die wachsende Instabilität der Wall Street in diesen Jahren bewusst, weshalb vermutet wird, dass Satoshi einen amerikanisch wirtschaftlichen Hintergrund besitzt. Während einerseits das zentralisierte System der Banken Misstrauen verursacht, wird andererseits eine dezentralisierte Antwort auf die Problematik geliefert. War dies eine erzürnte Antwort auf die Problematik der Zentralisierung und Führung der Bankenwelt?

Nach einem halben Jahrzehnt ist klar, dass die Krise von 2008 mehrere Ursachen besaß. Die Leute erwarben Häuser, die sie sich nicht leisten hätten können, unterstützt durch Kreditgeber, die wussten, - oder hätten wissen müssen - dass die Kredite zum Scheitern verurteilt waren. Broker der Wall Street nahmen diese Kredite auf und verkauften sie im Bündel an die Anleger weiter, manchmal sogar, während sie hierbei gegen die selben Anlagen boten. An der Spitze dieser Liste standen die Regierungsbehörden, die die Wirtschaft vor Exzessen der Wall Street schützen sollten. Stattdessen sahen sie zu, wie eine aus faulen Subprime-Krediten aufgebaute Blase weiter expandierte. Einige Untersuchungen schließen auch europäische Banken ein, die über die Jahre hinweg gierig wurden und vermehrt dubiose Wertpapiere kauften. JP Morgan Chase, die größte US-Bank mit einem Vermögen von rund 2600 Milliarden Dollar, stieg zu dieser Zeit um das dreifache an. Wiederholt sich das finanzielle Armageddon in Amerika erneut die nächsten Jahre? Studentengebühren steigen von Jahr zu Jahr, wobei jeder Student mit 50-200k USD Schulden das Studium vollendet, und innerhalb der ersten Jahre nach Jobantritt einen Kredit für ein nagelneues Auto und eine Hypothek für ein Haus erhält. Kommt dir das auch bekannt vor?

Es ist nicht auszuschließen, dass die Finanzkrise von 2008 zum populären Anstieg verschiedener

Kryptowährungen beitrug. Zwei Jahre nach der Veröffentlichung von Bitcoin verschwand Satoshi Nakamoto aus jeglichen Blogs, um der neuen Technologie freien Raum zum Wachsen zu gewähren. Während die Wirtschaft und die Banken sich immer noch von der Krise zu erholen versuchten, bildete sich zeitgleich aus der Enttäuschung der Menschen eine neue Ära: Die Ära der Blockchain.

In den folgenden Jahren wurde diese Technologie weiterentwickelt und neue Anwendungsmöglichkeiten wurden kreiert: Unter anderem wurden Kryptowährungen und Plattformen wie Ethereum, Zcash, Monero und viele mehr gegründet, welche im weiteren Verlauf des Buches näher beschrieben werden.

Das erste Bitcoin Whitepaper

Um dir einen Überblick über verschiedene Technologien und Start-Ups im Bereich Kryptowährungen zu verschaffen, ist es empfehlenswert, vorerst verschiedene Whitepaper[8] [9] (Artikel) durchzulesen und diese folglich miteinander zu vergleichen. Das Bitcoin Whitepaper, welches du unter https://bitcoin.org/bitcoin.pdf findest, gibt dir einen ersten groben Überblick über den Aufbau eines Whitepapers. Ein weiteres wichtiges Whitepaper ist das Ethereum Whitepaper, welches im Jahre 2014 veröffentlicht wurde: https://github.com/ethereum/wiki/wiki/White-Paper

Falls deine Englischkenntnisse ausreichen, lege ich dir ans Herz, dieses Buch für einen Moment zur Seite zu legen, und die ersten historischen Whitepaper der Blockchain durchzuarbeiten. Sobald du im Laufe deiner Investmentkarriere neue Cryptocoins entdeckst, lies dir vorerst das Whitepaper der neuen Währung durch und mach dir gleichzeitig ein Bild vom dahinterstehenden Team und der Technologie. Ein unverständliches, unformatiertes und schlechtes Whitepaper verdeutlicht die Inkompetenz eines Start-Ups, weshalb ich in 100% der Fälle die Finger von dieser Investitionsmöglichkeit lassen würde.

Entstehung der Plattform und der Kryptowährung Bitcoin

Wir werden im Folgenden einen Blick auf die Geschichte von Bitcoin werfen. Hierbei wird zwischen Bitcoin (mit großem B) und bitcoin (mit kleinem b) differenziert. Bitcoin gilt als die Plattform und die Software, die dafür zuständig ist, dass bitcoin, die Kryptowährung und die Einheiten, sorgenfrei und sicher funktionieren. Ähnliches gilt für Ethereum, welches eine vollständige Plattform für App-Entwicklungen bietet, und hierbei Ether (ETH) als Kryptowährung besitzt.

2016 veröffentlichte Carl-Ludwig Thiele, Mitglied des Vorstands der Deutschen Bundesbank, eine Rede auf dem Finanzgipfel, in der auf die Einzelheiten und Technologien der Blockchain und vor allem auf den Bitcoin eingegangen wird. Da sie die Plattform sehr gut und leicht verständlich zusammenfasst, werden die ersten Sätze nun in diesem Werk zitiert:

Zwischen Disruption und Spekulation: Von Bitcoin, Blockchain und digitalem Geld

Carl-Ludwig Thiele, Frankfurt am Main, 10.11.2016

„Bitcoin wurde von Satoshi Nakamoto erfunden. Wer oder wie viele Personen hinter diesem Namen stehen, ist der Öffentlichkeit bis heute unbekannt. Unter diesem Namen jedenfalls wurde im November 2008 ein Artikel veröffentlicht. Er heißt: "Bitcoin: A Peer-to-Peer (Person zu Person) Electronic Cash System".

Darin schlägt Nakamoto ein Verfahren vor, wie man digitale Transaktionen zwischen Einzelpersonen (z. B. über das Internet) so verschlüsseln kann, dass damit eine sichere Übertragung von Werten möglich wird. Gleichzeitig gewährleistet das Verfahren eine Bestandskontrolle. Es löst das sogenannte Double-Booking-Problem. Sie wollen ja bei einer Übertragung nicht nur sichergehen, dass Sie als Empfänger tatsächlich Eigentum erlangen, sondern auch Gewissheit haben, dass der vorherige Eigentümer nicht zugleich dasselbe Gut noch einmal an einen anderen überträgt.

Und die Technik ermöglicht beides. Damit Nakamoto das Verfahren ausprobieren konnte, wurde eine Währung, nämlich Bitcoin, erfunden und transferiert. Außerdem erfand er einen Mechanismus, wie neue Bitcoin geschaffen werden.

Wichtig für Nakamoto war, dass die Übertragung ohne einen vertrauenswürdigen Dritten erfolgen konnte. Man brauchte also keine zentralen Institutionen mehr. Ein Finanzsystem ohne die Voraussetzung von Vertrauen, ohne Banken und evtl. auch ohne Zentralbanken schien denkbar.

In der Szene der Programmierer und bei Kritikern des gegenwärtigen Finanzsystems fand Bitcoin schnell Anklang. Das Motiv, eine Währung unabhängig von Banken zu schaffen und zu transferieren, lockte eine wachsende Fangemeinde. Die Technik funktioniert und Bitcoin entwickelte sich rasant. [...] "

Checkpoint Charlie:
Mathematische Kryptografie der Blockchain

Krypto = kryptós (altgriechisch) = verborgen, geheim (deutsch)
Graphie = gráphein (altgriechisch) = schreiben (deutsch)

Kryptografie - ein gruseliges Wort für Unwissende. Hierunter versteht man die verschlüsselte Übermittlung von Informationen. Diese werden soweit verschleiert, dass nur der Empfänger durch automatisierte mathematische Errechnungen die Information erhalten und sinnvoll verarbeiten kann.

Kryptografie wird seit Jahrzenten benutzt. Julius Caesar wandte diese Art von Verschleierung im Krieg an, um seinen Generalen Nachrichten zu überbringen, die nur untereinander verständlich waren. Er versendete Nachrichten, die um 3 Buchstaben versetzt waren, sodass niemand außer ihm und dem Empfänger verstand, welche Information diese Nachricht beinhaltete. (Anstatt A=D)

Diese Kryptografie verblieb nicht für lange Zeit sicher, wohingegen im zweiten Weltkrieg Deutschland eine Rotor-Schlüsselmaschine namens ENIGMA erfand, die zur Verschlüsselung des Nachrichtenverkehrs des deutschen Militärs verwendet wurde. Auch die Polizei, Geheimdienste, SD, SS und die Reichspost setzen diese Form von Kryptografie ein. Jedoch gelang es den Alliierten mit hohem personellen und maschinellen Aufwand, die deutschen Funksprüche 1 zu 1 zu dechiffrieren. Das Entschlüsseln dieser Nachrichten gilt als eine der größten Erfolge der Alliierten und war einer der Hauptgründe für deren Sieg.

Bei Eingabe deines Passwortes oder Eingabe deiner Kreditkartendaten nutzt du ebenfalls die Kryptografie, um sicher zu bezahlen. Dadurch werden deine Daten nur an diejenigen Personen weitergegeben, für die die Nachricht beabsichtigt war. Deine WhatsApp-Verläufe sind (laut WhatsApps Nutzungsbedingungen) ebenfalls mit einer Kryptografie verbunden. In der Blockchain erlaubt die Kryptografie Nutzern, die Plattform sicher und verschlüsselt zum Bezahlen (Banken) oder für den Informationsaustausch (andere Industrien) zu nutzen.

Darknet und Bitcoin - die illegale Unterwelt des Internets

Tatsächlich fand die erste Mainstreambenutzung von Bitcoin in krimineller Absicht statt, jedoch war dies bei vielen innovativen Technologien der Fall. Kryptowährungen (vor allem Bitcoin) erlangten immens an Popularität durch die Benutzung im Darknet. Ich erfuhr vom Begriff Bitcoin ebenfalls das erste Mal vor ca. 5 Jahren, als ich über einen Darknet-Onlineartikel und die „Untergrundbezahlmethode" dahinter stolperte. Mir war zu dieser Zeit nicht bewusst, was für eine weltbewegende Innovation sich dahinter verbarg.

Im Jahre 2015 wurde Ross William Ulbricht, der 31-jährige Drahtzieher des illegalen Online-Handelsplatzes Silk Road, gleich zweimal zu lebenslanger Haft verurteilt. Ulbricht studierte Physik und Ingenieurwissenschaften im US-Bundesstaat Texas, bis er sich nach seinem Abschluss dazu entschied, Drogen öffentlich und online zugänglich zu machen. Silk Road ist ähnlich aufgebaut wie Amazon. Doch statt Büchern und Wohnungsgegenständen werden hier Drogen und Ausweise verkauft. Zwei Jahre dauerte es, bis Ulbricht zu einem der größten Drogendealer der Welt wurde. Silk Road genoss einen populären Aufstieg, da jeder Mensch mit einem Internetzugang ebenfalls Zugang zum Darknet hatte. Hierfür muss man sich lediglich den Tor-Browser herunterladen, welcher verschlüsselten und anonymen Zugang auf das Internet bietet. Laut FBI treiben sich über eine Million User auf diesem Portal herum. Eine weitere URL-Eingabe bringt dich in die illegale Unterwelt des Internets: Silk Road im Darknet. Hier wird alles angeboten, was das kriminelle Herz begehrt: Im Frühjahr 2013 sind mehr als 10.000 Produkte gelistet, unter anderem Marihuana, Ecstasy-Pillen, Kokain oder LSD. Auch Hacking-Dienstleistungen werden hier angeboten, indem beispielsweise das Facebook-Passwort der Zielperson geknackt wird. Die Deutsche Bahn gehört ebenfalls zu den Benachteiligten des Darknets: Betrüger kaufen sich durch gehackte Kreditkarteninformationen Bahngutscheine, welche sie für 10-20% des Preises auf der Handelsplattform anbieten.[11] Kreditkarteninformationen ($5-$10), anonyme Postkästen ($50), Netflixaccount ($5), EU-Führerscheine aus Polen ($400) und allgemeine Informationen und Anleitungen zum Betrügen werden hier ebenfalls angeboten.

Ulbricht führte ein unscheinbares Leben, wobei er die Millionengewinne ebenfalls nicht für Luxusgüter ausgab. Er wohnte in einer WG mit zwei Mitbewohnern und verbrachte die meiste Zeit vor seinem PC. Um seine Tarnung nicht zu verlieren, soll Ulbricht sogar zwei Auftragsmorde aufgegeben haben, für welche er $150.000 und $80.000 bezahlte. Ob diese Morde tatsächlich durchgeführt wurden, ist nicht bekannt. Ebenfalls hinterließ Ulbricht viele Spuren, was der Grund für seine schlussendliche Verhaftung gewesen ist. Er schrieb oftmals unter rossulbricht@gmail.com Internetbeiträge über Silk Road, favorisierte Darknet-Videos auf YouTube und fragte schlussendlich unter Angabe seines echten Namens in einem Programmierforum, wie man einen Code (der ebenfalls später im Silk Road Code integriert wurde) mit dem Tor Browser verbinden kann. Dieser Patzer kostete ihn mindestens 50 Jahre Haft.[12][13][14]

Mindestens 50 Jahre? Der Grund hierfür mag viele verblüffen: Jede einzelne Transaktion, die durch Bitcoin über Silk Road getätigt wurde, konnte ihm nachgewiesen werden, und für jede einzelne Transaktion erhielt er eine zusätzliche Haftstrafe. Auf der Blockchain wurden alle Transaktionen gespeichert und sind öffentlich anzusehen (https://blockchain.info).

Dies spiegelt die schlecht nachgeforschte Qualität früherer Zeitungsberichte. Bitcoin ist NICHT anonym. Jede Transaktion kann online angesehen werden. Tippe unter blockchain.info¹⁵ die Bitcoinwalletadresse der jeweiligen Person ein und du siehst JEDE Transaktion, die jemals stattgefunden hat. Im Vergleich zu Schwarzgeld, welches oftmals gewaschen werden kann, ist es unmöglich, Bitcoin zu waschen oder verschwinden zu lassen. Selbst das erste Wallet der Welt von Satoshi Nakamoto kann online angesehen werden, auf welchem über Millionen von Bitcoin gelagert sind. Jedoch hat seit seinem Verschwinden keine Transaktion mehr über sein Wallet stattgefunden.

Bitcoin Technologie in unter 100 Worten erklärt

So gut wie niemand versteht die Blockchain beim ersten Durchlesen, sodass dich im Folgenden oftmals Wiederholungen und nähere Definitionen erwarten, bis du Stück für Stück die Technologie vollständig verstehst. Aus diesem Grund fangen wir mit einer einfachen Definition aus 100 Worten an:

Stell dir vor, du bist im Besitz einer kryptografischen Datei, welche spezifische Informationen (bitcoin) und eine Kette an Informationstransaktionen (Blockchain) speichert. Regierungsbuchhalter (Miner), welche auf der ganzen Welt verteilt sind, haben die Transaktionslisten ebenfalls auf ihrem Computer. Im Falle einer Transaktion versendest du deine spezifischen Informationen (Einheiten an BTC). Gleichzeitig sendet dein Computer an jeden Buchhalter eine E-Mail, um sie über die bevorstehende Transaktion zu informieren. Jeder Buchhalter beeilt sich, der Erste zu sein, der diese Transaktion überprüft und für gültig erklärt, indem sie nachschauen, ob deine Menge an digitaler Datei (BTC) ausreicht, um diese Transaktion durchzuführen. Erst sobald mehrere Regierungsbuchhalter deine Transaktion bestätigt haben, gilt deine Transaktion als vollständig versandt. Regierungsbuchhalter, welche deine Transaktion bestätigen, werden zeitgleich mit einer kleinen BTC Zahlung vergütet.

Ist   es   in   echt   komplizierter?   JA!

Doch du nutzt auch das Internet, obwohl du nicht wirklich verstehst wie HTML Seiten aufgebaut sind, oder? Schon einmal nachgelesen, wie das Internet entwickelt wurde und wie diese Seiten funktionieren? Trotz meiner wirtschaftsinformatischen Kenntnisse habe ich sehr lange gebraucht, bis ich verstanden habe, wie das ganze System, geschweige denn die Gedankengänge des Interneterfinders aufeinander aufbauen. Als kluger Investor sind die nötigsten Begriffe und Punkte der Blockchain wichtig für dich, wobei eine vollständige Einsicht in die Materie dahinter nicht zwingend notwendig ist. Ein Überblick ist wichtig, um zwischen verschiedenen Blockchain/Kryptowährungsprojekten abzuwägen und ihr Zielgebiet bestimmen zu können.

6 WAS IST BLOCKCHAIN UND IN WELCHEN INDUSTRIEN WIRD ES ANGEWANDT?

Als eines der am meisten diskutierten Themen in den letzten Jahren hat Blockchain die Art und Weise, wie digitale Transaktionen durchgeführt werden, komplett überarbeitet und könnte letztendlich die Art und Weise verändern, wie verschiedene Branchen ihr tägliches Geschäft abhalten. Im letzten Jahr hat jeder Mensch (Sogar mein arabischer Friseur!) mindestens einmal den Begriff Bitcoin gehört. Selbst mein Friseur meinte Ende 2017 zu mir, er habe „…in BTC investiert, da sein bester Freund Geld damit verdient hat, und er auch ein Teil vom Kuchen haben möchte". Währenddessen können 95% der Investoren nicht einmal zwischen Bitcoin und bitcoin unterscheiden, was einerseits gefährlich ist, andererseits Möglichkeiten für intelligente Investoren öffnet.

Parallel dazu gewann der Begriff Blockchain 2017 immer mehr an Bedeutung und wird oft vom Mainstream als Synonym für Bitcoin verwendet. Obwohl sie einen ähnlichen Sprachgebrauch besitzen, beziehen sich diese zwei Dinge auf völlig unterschiedliche Sachen. Bitcoin ist eine Form der digitalen Währung, besser bekannt als Kryptowährung, die dezentralisiert ist und es Benutzern ermöglicht, Geld ohne die Notwendigkeit eines Dritten auszutauschen. Die zugrundeliegende Technologie, die diese Transaktionen ermöglicht und die Notwendigkeit eines Vermittlers beseitigt, ist die tatsächliche Blockchain.

Anfang 2017 nahm Bitcoin 88% des Kryptomarktes ein, wohingegen sich dies Ende 2017 auf lediglich 38% reduzierte. Obwohl der Markt von 17 Milliarden Dollar auf 620 Milliarden Dollar zu dieser Zeit angestiegen ist, kultivierten sich verschiedene Kryptowährungen und genossen höhere Preissteigerungen als der Bitcoin, obwohl ein Investment von ca. $1000 innerhalb von einem Jahr bereits auf $11.300 angestiegen wäre.[16 17 18 19 20]

GRAFIK:
www.aposvalley.de/Marktkapazitaet

1BTC 1. Januar 2017 =
$963,66

1BTC 31. Dezember 2017=
$13.068,80

1ETH 1. Januar 2017 =
$8,23

1ETH 31. Dezember 2017=
$717,26

ANML>

RYPTOWÄHRUNGEN INVESTMENT BIBEL

41

1XVG 1. Januar 2017 =
$0,00002

1XVG 24. Dezember 2017=
$0,2573

Validierung der Zahlungen

Verschiedene Blockchainprojekte umfassen viele Einsatzmöglichkeiten, wobei uns mehr als die Hälfte davon wahrscheinlich noch unbekannt sind. Die Blockchain-Technologie ist zu 100% sicher und so gut wie unmöglich zu hacken. Sie verspricht eine Kryptographie für Datensätze, Ereignisse und Transaktionen. Verwaltet werden sie durch die Teilnehmer eines weltweit verteilten dezentralisierten Rechnernetzes ohne zentralisiertem Standpunkt. Jedes Mal, wenn eine Transaktion stattfindet, beispielsweise wenn eine Partei Bitcoin direkt an eine andere sendet, werden die Details dieser Transaktion (einschließlich Quelle, Ziel, Datum und Zeitstempel) zu dem hinzugefügt, was als Blockchain (Strang) bezeichnet wird.

Die Gültigkeit der Transaktionen innerhalb des kryptografischen Blocks wird dann durch die kollektive Rechenleistung der Miner innerhalb des betreffenden Netzwerkes überprüft und bestätigt. Erst dann gilt eine Bitcoinzahlung als bestätigt. Kryptowährungen haben sich bis dato aufgrund der Doublespending-Funktion nicht durchgesetzt, wo Satoshi Nakamoto entgegenwirkte. Könnte man beispielsweise 1 BTC zeitgleich an zwei Personen versenden, würde sich der Wert von Bitcoin auflösen. Blockchain verteilt nicht nur eine öffentliche Aufzeichnung aller Transaktionen, sondern auch Blockaden. Bevor eine Transaktion abgeschlossen wurde, wird die Möglichkeit dieser betrügerischen Aktivität ausgelöscht.

Bis dato beschränkt sich der Aufgabenbereich auf finanzielle Sektoren, was sich im Laufe der nächsten Monate und Jahre drastisch ändern wird. Darum wird die Technologie hinter Bitcoin, die Blockchain, als tatsächlicher Erfolg angesehen. Ich liebe Bitcoin – keine Frage. Er gilt als Vorreiter, doch wir müssen uns eingestehen, dass der Anwendungsbereich hinsichtlich Informationsaustausch, Transaktionskosten, Transaktionsdauer eingeschränkt ist und viele andere Kryptowährungen/Plattformen, die dir im Laufe des Werkes nähergebracht werden, in verschiedenen Sektoren effizienter und effektiver sind. Viele Experten sehen Bitcoin als die Blockchain mit der ältesten und noch nicht vollständig ausgereiften Technologie. Bevor wir uns verschiedene Kryptowährungen anschauen, gehen wir darauf ein, wie verschiedene Transaktionen bestätigt werden und welche Protokolle hierfür genutzt werden.

Proof of Work (PoW) & Proof of Stake (PoS)

Seit einiger Zeit werden täglich neue Protokolle zur Verifizierung einer Transaktion weiterentwickelt und kreiert. Die Hauptunterschiede liegen darin, wie eine Transaktion auf der Blockchain validiert wird. Da eine Blockchain keine zentralisierte Kontrollform besitzt und alle Transaktionen kryptografisch und mathematisch verlaufen, gilt hierbei, einen Mechanismus zu wählen, der keineswegs manipuliert werden kann und vollständig sicher ist. Die Grundlage für das Mining von Bitcoin und Co ist ein Konsens-Algorithmus namens PoW.

Demgegenüber kultiviert sich seit einiger Zeit das PoS-Protokoll, welches nach Angaben mehr Vorteile mit sich zieht. Was genau unterscheidet die populärsten Protokolle und wo liegen die Vor- und Nachteile?

Proof of Work

Das Grundprinzip besteht darin, dass ein Miningcomputer im Netzwerk eine komplizierte kryptografische Aufgabe löst, sodass die bevorstehende Transaktion validiert wird. Als Vergütung für den Aufwand erhält der Miner eine Provision in Form von BTC. Durch diesen Prozess werden neue Blöcke auf der Blockchain generiert. Miner versuchen hierbei, durch milliardenfache Ausführung von Rechenoperationen, eine Transaktionskette zu finden, die legitim ist. Hierbei führt der PC Milliarden Alternativen aus, bis er eine Lösung gefunden hat. Du kannst dies mit einem fehlenden Puzzlestück vergleichen: Der Computer probiert so viele Teile, bis das richtige Stück passt. Vereinfacht dargestellt muss für ein Ergebnis (Output) der richtige Input gefunden werden. Da dieser unbekannt ist, rechnen die Mininggeräte mit milliardenfacher Ausführung pro Sekunde und probieren alle möglichen Inputwerte aus, bis sie schließlich einen Input gefunden haben, der den gewünschten Output ergibt. Damit gesichert ist, dass nur ungefähr alle 10 Minuten ein Block erzeugt wird und somit Manipulation ausgeschlossen wird, muss die Software des Miners neben der Überprüfung der Transaktion noch diese Rechenaufgabe lösen. Dieser Aufwand verbraucht sehr viel

Elektrizität, da eine Transaktion mehrfach validiert werden muss, bevor diese als gültig verzeichnet wird. Eine BTC Transaktion kostet aus diesem Grund zwischen $10-25 und dauert durchschnittlich ca. eine Stunde.

Dies verhindert den alltäglichen Gebrauch von BTC als Währung. In letzter Zeit listeten viele Anbieter Bitcoin aus ihren möglichen Zahlungen aus, da die Preise zu stark schwanken, die Transaktionsdauer zu lange ist und die Transaktionsgebühr zu hoch. Seit Jahren wird am Lightning-Network gearbeitet, welches die Transaktionsgebühr und -dauer von BTC erheblich senken soll. Anfang 2018 wurden erste Transaktionen ausgeführt. Wie sich das Lightning-Network zukünftig verhält und wann es genutzt werden kann, ist ungewiss. [21] [22]

Die mögliche 51%-Attacke

Theoretisch gesehen besteht die einzige Lücke in einem möglichen 51%-Angriff auf das BTC Netzwerk. In letzter Zeit haben sich aufgrund der finanziellen Profite verschiedene Unternehmen dazu entschlossen, verschiedene Miningpools zu gründen und Investoren eine Provision auszuschütten. Dies hat den Nachteil, dass einige Firmen sehr große Miningpoolanteile besitzen, was sich in den nächsten Jahren (potentiell) zu einer Gefährdung entwickeln könnte. Aufgrund der hohen Elektrizitätskosten werden die großen Miningpools in China oder beispielsweise auch Island betrieben. Miningpools, die sich zu mehr als 51% vereinigen könnten, üben eine große Gefahr auf den gesamten Pool aus, da sie durch eine Vereinigung mehr als die Hälfte der Mininggeräte besitzen.

Durch die Steuerung des größten Teils der Rechenleistung im Netzwerk kann dann der Angreifer oder eine Gruppe von Angreifern den Prozess der Aufzeichnung neuer Blöcke stören. Sie können verhindern, dass andere Miner Blöcke abschließen, wodurch sie theoretisch das Minen von neuen Blöcken monopolisieren und alle Belohnungen erhalten. Sie können die Transaktionen anderer Benutzer blockieren. Ebenfalls können sie eine Transaktion senden und dann umkehren, so als ob sie noch die Münze hätten, die sie gerade ausgegeben haben. Diese Schwachstelle, bekannt als Double-Spending, ist das digitale Äquivalent einer perfekten Fälschung und die grundlegende kryptografische Hürde, die die Blockchain eigentlich überwinden sollte. Ein Netzwerk, das doppelte Ausgaben ermöglicht, würde schnell einen Vertrauensverlust erleiden und das Bitcoin-Netzwerk würde in sich zusammenfallen. Ich kann dich beruhigen: Meine Absicht ist es nicht, dich zu erschrecken oder zu verunsichern. Ein 51%-Angriff ist so gut wie unmöglich.

Proof of Work und Mining – Lohnt sich das noch?

Neue Technologien kreieren neue Möglichkeiten zum Verdienen von Geld. Nicht zuletzt habe ich sehr viele Leute beobachtet, die sich durch Mining in den letzten Jahren eine goldene Nase verdienten. Hierbei erwarben sie sich ein Mininggerät oder investierten in einen Miningpool.

Die letzten Jahre genoss Proof of Work eine sehr hohe Popularität, jedoch ist es ungewiss, wie sich die Zukunft von PoW entwickeln wird. Der Provisionsanteil wird von Jahr zu Jahr schlechter und schwieriger. Aufgrund des hohen Stromverbrauchs und der Energie, die für eine Transaktion aufgebracht werden muss, wechseln immer mehr Kryptowährungen zu PoS.

Während ich dieses Buch geschrieben habe, habe ich live auf der Seite von BitConnect verfolgt, wie sie von einem Tag auf den anderen eine Meldung öffentlich stellten, dass sie im nächsten Monat von PoW zu PoS wechseln und alle Mininggeräte abschalten. Leute, die tausende von Euros in diesen Miningpool investierten, verloren somit auf der Stelle ihr Geld. Kurze Zeit später schloss der Miningpoolanbieter die Pforten zugunsten von schlechten Ausreden vollständig.

Mining ist stromintensiv, und wer weiß, wie sich der Gebrauch von Kryptowährungen in der Zukunft entwickeln wird. Falls die Anzahl der Krypto-Sympathisanten weiterhin in dieser Geschwindigkeit ansteigen wird, dann bin ich mir sicher, dass viele Währungen auf Proof of Stake wechseln werden, da diese Methode sicher, sowie energiesparender und schneller abläuft. Außerdem erhalten die Coinbesitzer „Zinsen" für ihre Anteile, da sie dadurch helfen, das Netzwerk zu stärken. Der Stromverbrauch solcher Miningfarmen ist enorm, weswegen verschiedene Regulationen immer wieder auftreten können. In letzter Zeit konnte man verfolgen, wie China „Miner" wortwörtlich aus dem Land verjagen wollte. [23]

Praktischer Tipp:

Meiner Meinung nach macht es mehr Sinn, deine Haupteinnahmequelle auf etwas anderes zu stützen und einen Teil dieses Geldes als langfristige Investments in Kryptowährungen anzulegen.

Proof of Stake

Demgegenüber steht die immer populärer werdende Methode des PoS, welche nicht darauf beruht, komplizierte Rechenaufgaben zu lösen, sondern darauf, dass Anteile einer bestimmten Währung (an der Gesamtzirkulation der Währung) auf einer Wallet vorgehalten und entsperrt werden. Mit dem Besitz der digitalen Währung validiert der Besitzer der Kryptowährung Transaktionen auf der Blockchain und trägt zu deren Sicherheit bei. Dafür erhält der Besitzer quasi eine Art von „Zinsen". Populäre Kryptowährungen, die immer mehr zu diesem Protokoll wechseln oder bereits gewechselt sind, sind Ethereum, Stratis und Diamond. Hierbei gilt wieder: Teilnehmer, die eine hohe Anzahl der jeweiligen Kryptowährung besitzen, können mehr Transaktionen bestätigen. 10 Ether bestätigt 10x so viele Transaktionen wie ein Wallet mit 1Eth. Jedoch gilt das PoS Protokoll als sicherer und kostenintensiver, da nicht verschiedene Mininggeräte aufgebaut werden müssen, die komplizierte Rechenaufgaben lösen. Ethereum basiert momentan noch zum größten Teil auf PoW, was sich jedoch 2018 ändern soll. Wir können gespannt bleiben, ob sich andere Protokolle noch in Zukunft bilden und durchsetzen werden, wobei ich in PoS eine gute Möglichkeit für die Zukunft sehe. [24]

7 DIESE 17 INDUSTRIEN NIMMT DIE BLOCKCHAIN BEREITS EIN

Die Blockchain scheint eine viel versprechende Technologie der Zukunft zu sein. Mit ihr können Privatpersonen Daten transferieren, die sicher, transparent, schnell und rückverfolgbar sind. Hierbei werden die Daten dezentralisiert und effizient und sicher verschickt. Folglich wird diese Technologie höchstwahrscheinlich in den kommenden 5-10 Jahren viele Industrien im Sturm erobern. Welche Industrien können bereits dieses Jahr davon betroffen sein? Da die Blockchain heutzutage ungefähr so ausgereift ist wie das World Wide Web im Jahr 1996, sind dies in erster Linie Hypothesen.

1 BANKEN UND INTERNATIONALE ZAHLUNGEN

Viele Leute behaupten, dass die Blockchain den Banken das antun wird, was das Internet den Medien antat. Die Blockchain ermöglicht bereits Millionen von Leuten, „ihre eigene Bank" zu sein, ohne dass die Zustimmung einer zentralisierten Partei benötigt wird. Vor allem Menschen aus Dritte-Welt-Ländern, welche keine Möglichkeit auf eine demokratische Zukunft haben, profitieren davon. Ein weiterer Vorteil sind Zahlungen, welche innerhalb weniger Sekunden ausgeführt werden können und so gut wie keine Gebühren beanspruchen. Seit 2017 nutzen ebenfalls viele Banken Blockchainsysteme.[25]

Da die Innovation in Asien in den letzten Jahren viel weiter voranschritt als die im Westen, führen die Asiaten in den Bereichen AI (Artificial Intelligence), Virtual Reality, Augmented Reality und Blockchain. (Falls du innovative und stark wachsende Märkte für ein zukünftiges StartUp suchst, here you go!). Als ich in den Philippinen das erste Mal mit XLM Geld abhob, öffnete sich ein neues Fenster an Möglichkeiten für mich. Wow! Innerhalb von Sekunden hielt ich das Geld in der Hand, ich zahlte wenige Cent Transaktionsgebühren, ich erhielt den internationalen Wechselkurs für XLM, und es gab keine Möglichkeit, dass Betrüger mein hart erarbeitetes Geld aus meinem Bankkonto stehlen konnten. Dies war eine augenöffnende Erfahrung und verdeutlichte mir, wie sinnvoll und effektiv Blockchain im finanziellen Sektor sein kann. Dies ist der nächste Schritt in eine dezentralisierte Welt. Keine zentralisierte Herrschaft, sondern pure Freiheit.

Falls du nach Investments im Bereich internationalen Geldtransfers Ausschau hältst, empfehle ich dir Stellar Lumens (XLM) oder Ripple (XRP). Mein Favorit ist hierbei XLM, da dies ein dezentralisiertes und innovatives Unternehmen widerspiegelt. Zuletzt schlossen sie Deals mit IBM und Stripe ab, integrieren zudem das Lightning Network und besitzen ein gutes Team. Ich habe Ende Juli 2017 ein Investment von 1000,- € in XLM getätigt, was sich nach wenigen Monaten bereits gut ausgezahlt hat. Kein Grund zur Panik: Der Anwendungsbereich ist noch viel größer, was den Preis um einiges noch steigern wird.

2 CYBER SECURITY

Die hohe Abhängigkeit von Internet und Technologie führt heute zu neuen Einnahmequellen und Geschäftsmodellen für die Organisation. Daraus ergeben sich jedoch neue Chancen für Hacker, die online kursierenden Daten und Gelder zu stehlen. Es wird in dem von Menschen programmierten Code nach Lücken gesucht, um verwundbare Stellen aufzufinden. Vor wenigen Jahren war es möglich, bei einer Onlineüberweisung statt 30€, -30€ einzutippen, und statt das Geld zu überweisen, 30€ zu erhalten: Lücke gefunden - erfolgreich ausgebeutet. Menschen machen Fehler und es herrschen fast immer Lücken in modernen Systemen vor. Du denkst, dein PC ist sicher? Wir befinden uns momentan in einem der größten Patzer von Betriebssystemen, in dem all deine Informationen für Hacker so gut wie öffentlich auf deiner Festplatte zugänglich sind. Google nach „Spectre und Meltdown 2018", und überzeug dich selbst, wie sicher deine Kreditkarten- und Zahlungsinformationen, geschweige denn deine „geheimen" Bilder und Videos auf deinem Computer sind.[26] [27] [28] Manchmal ist es besser, weniger zu wissen, stimmt's?

Cyberkriminelle sind zunehmend komplexer geworden und versuchen, wertvolle Daten wie Finanzdaten, Krankenakten, persönliche identifizierbare Informationen und geistiges Eigentum zu stehlen und greifen auf hochprofitable Strategien zurück, wie etwa den DDoS-Angriff.

Jedes System gilt als vollständig sicher, bis Hacker einen Weg hindurchfinden. Seit 9 Jahren gilt die Blockchain Technologie unmöglich für Betrug oder Datendiebstahl, da keine Schwachstelle von Hackern entdeckt wurde. Dies könnte potenziell zur Verbesserung der Cyber-Verteidigung beitragen, da die Plattform betrügerische Aktivitäten über Konsensmechanismen verhindern und Datenmissbrauch erkennen kann, abhängig von den zugrunde liegenden Merkmalen der Datenverschlüsselung, Überprüfbarkeit, Transparenz und Unveränderbarkeit.

Grund hierfür ist die Dezentralität der Daten. Das bedeutet, dass sie nicht an einem Ort gespeichert sind, sondern auf Tausenden und Millionen von Computern. Die Blockchain ist so konzipiert, dass ein Speicherort oder eine zentrale Stelle nicht existiert. Im Netzwerk muss jeder Benutzer eine Rolle beim Speichern einiger oder aller Blockchains spielen. Jeder im Blockchain-Netzwerk ist verantwortlich für die Überprüfung der Daten, die freigegeben und / oder verwaltet werden, um sicherzustellen, dass vorhandene Daten nicht entfernt werden können und falsche Daten nicht hinzugefügt werden können. Aufgrund ihrer verteilten Natur bieten Blockchains keinen "hackbaren" Zugang oder einen zentralen Ausfallpunkt und bieten dadurch mehr Sicherheit im Vergleich zu verschiedenen gegenwärtigen datenbankgestützten Transaktionsstrukturen. Jeder, der Teil dieses Netzwerkes ist, besitzt somit ebenfalls die Datenbank mit sämtlichen Informationen auf dem eigenen PC, kann diese jedoch nicht verändern. Keine Information wird von der Blockchain gelöscht. Was einmal validiert wurde, befindet sich für immer auf der Blockchain.

Sicherheit wird ebenfalls in dem Bereich versprochen, dass keine Mittelmänner wie Notare die Sicherheit für beide Vertragsparteien gewährleisten müssen. Sogenannte Smart Contracts sorgen für Bestimmungen, die eine Transaktion validieren oder nicht. Im Falle eines Crowdfundings, durch welches 50.000€ gesammelt werden soll, überweist man das Geld über die Blockchain und kann jederzeit öffentlich ansehen, welche Summen bereits überwiesen wurden. Sobald die vollständige Summe erhalten wurde, gilt die Transaktion als vollständig. Falls das Crowdfunding keine 50.000€ sammelt, sorgt der SmartContract dafür, dass der Deal platzt und das Geld wieder zurücküberwiesen wird. Die Kryptographie sorgt für deine Sicherheit und macht Mittelmänner überflüssig.

3 SUPPLY CHAIN MANAGEMENT

Der Ursprung und die Transaktionen eines Produktes kann durch vollständig dezentralisierte und dokumentierte Informationen sicher, transparent und lückenlos nachverfolgt werden. Tracking von Paketen und Aufträgen/Transportwegen ist dadurch lückenlos nachverfolgbar. Ebenfalls der Informationsaustausch über Lieferungen, Produktion und Wartungen kann einfacher und effizienter gestaltet werden. Rückverfolgbarkeit und Transparenz spielen in der Logistik die wichtigste Grundlage. Blockchain bietet hierbei ein öffentliches Buch, das in Echtzeit mit jedem Netzwerkteilnehmer aktualisiert und validiert wird. Es ermöglicht die gleichzeitige Sichtbarkeit von Aktivitäten und zeigt, wo sich eine Information/Datei/Produkt zu einem bestimmten Zeitpunkt befindet, wer es besitzt und in welchem Zustand es sich befindet. Hierdurch können, wie du sicherlich schon ahnst, FairTrade Produkte nachverfolgt werden, um zu sehen, woher sie stammen.

Vorteile auf einem Blick:

• Keine Fehler und kein Betrug möglich

• Bestandsverwaltung wird verbessert

• Probleme können schneller identifiziert werden

• Kein Papierkram

• Vertrauen von Kunden und Partnern wird gestärkt

4 PROGNOSEN

Das Augur Projekt[29] nimmt bei Prognosen die wichtigste Rolle als erfolgreicher Innovator ein und wird mittlerweile bereits von vielen Leuten benutzt. Augur ist nämlich ein dezentralisierter Prognosemarkt, der das Ergebnis eines Ereignisses basierend auf dem Prinzip der "wisdom of the crowd" (Weisheit der Menge) vorhersagen kann. Mit dieser Methode wird durch die aus der Menge gesammelten Informationen die realistischste Möglichkeit und damit das wahrscheinlichste Ergebnis ermittelt. Korrekte Vorhersagen werden durch das Netzwerk in Form von REP (die Kryptowährung hinter der Plattform) belohnt, während inkorrekte Berichterstattungen bestraft werden - dies fördert wahrheitsgemäße Informationen.

Hauptintention ist es, Prognosemärkte zu revolutionieren und dabei die Art und Weise zu verändern, wie Menschen "Wahrheiten" erhalten und verifizieren. Die Hauptidee besteht darin, genauere Vorhersagen durch große Gruppen von Personen zu treffen, statt durch ein kleines Expertenteam.

5 INTERNET OF THINGS (IoT)

Das Internet der Dinge (IoT) und die Blockchain sind zwei Themengebiete, die in der weiteren Geschäftswelt viel Aufsehen erregen. Man geht davon aus, dass das Zusammenführen dieser beiden individuellen Komponenten zu etwas führen könnte, was sehr viel größer als ihre momentanen vereinzelten Aufgabengebiete ist. IoT ist ein Begriff, der die fortschreitende Verbreitung zu online tendierenden Datenerfassungsgeräten in unserem Arbeits- und Privatleben beschreibt. Setzen Sie diese Technologie mit einer verschlüsselten, dezentralisierten Technologie zusammen und theoretisch haben Sie eine verifizierbare, sichere und dauerhafte Methode, um Daten aufzuzeichnen, die von "intelligenten" Maschinen im IoT verarbeitet werden können.

Da Datentransaktionen zwischen mehreren Netzwerken stattfinden, die von verschiedenen Organisationen geleitet und verwaltet werden, bedeutet ein permanenter, unveränderlicher Datensatz der Blockchain, auf dem jede einzelne Datei/Transaktion für immer gespeichert wird, dass die Aufbewahrung von Daten zwischen den Punkten in der Lieferkette jederzeit verfolgt werden kann - Aktivität kann von jedem, der autorisiert ist, sich mit dem Netzwerk zu verbinden, verfolgt und analysiert werden.

Ein weiterer Grund für das Zusammenspiel ist das Potenzial, die Gesamtsicherheit der IoT-Umgebung erheblich zu verbessern. Ein Großteil der vom IoT erzeugten Daten sind sehr persönlich - beispielsweise haben Smart-Home-Geräte Zugang zu intimen Details über unser Leben und unsere täglichen Routinen. Dies sind Daten, die mit anderen Maschinen und Diensten geteilt werden müssen, um für uns nützlich zu sein. Es bedeutet aber auch, dass Hacker weit mehr Möglichkeiten haben, uns anzugreifen. Auch Unternehmen und Regierungen, die mit IoT arbeiten, müssen durch diesen erweiterten Spielraum für Kriminelle mit

Datenverletzungen und -diebstahl rechnen.

Zweitens ermöglichen die von einigen Blockchain-Plattformen wie Ethereum bereitgestellten "Smart Contract" -Funktionen die Erstellung von Vereinbarungen, die bei Erfüllung der Bedingungen ausgeführt werden. Dies ist sehr nützlich, wenn es beispielsweise darum geht, ein System zu einer Zahlung zu autorisieren, falls die Bereitstellung eines Dienstes in erster Linie benutzt wurde.

6 VERSICHERUNGEN

Niemand von uns mag Versicherungsanrufe im laufenden Alltag. Misstrauen, hohe Kosten und Ineffizienz der Versicherungswirtschaft tragen zu wenigen Versicherungen bei, obwohl in vielen Situationen eine Versicherung nützlich sein könnte. Diese Problematik könnte mit Blockchain behoben werden. Ich habe erst vor kurzem gelesen, dass nur 17% der Menschen in Kalifornien eine Erdbebenversicherung besitzen, obwohl die Möglichkeit eines Erdbebens in diesen Regionen extrem hoch ist. Das Projekt "Aeternity" ist ein neues StartUp mit sehr viel Potenzial in dieser Nische, obwohl sie bis dato wenig Aufmerksamkeit erhielt.

7 TAXI und MITFAHRGELEGENHEITEN

Der Aufstieg von Uber und BlaBlaCar hat uns gezeigt, welch ein riesiger Markt sich hinter Transportunternehmen befindet. Durch sie können wir nicht durch falsche Preise in die Irre geführt werden, was besonders beim Reisen ein Problem widerspiegelt. Durch einen Klick auf die Uber-App sieht man die bestmöglichen Fahrer im Umkreis und kann mir mit einem weiteren Klick eine(n) eigene(n) Fahrer(in) auswählen. Anhand der vergangenen Bewertungen erkennt man die Qualifikationen und die Sympathie der Fahrer, statt fremden Taxifahrern zu vertrauen zu müssen. Durch die Hilfe der Blockchain könnte dieser Bereich weiter ausgeprägt werden. Obwohl uns Firmen wie Uber schon einen unheimlichen Nutzen bringen, haben CEO's in Silicon Valley immer noch die vollständige Kontrolle über das Netzwerk und die Einstellungen, welche darüber entscheiden, wie viel du für deine nächste Uber-Fahrt zahlst oder wie viel man als Uber-Fahrer verdient. Durch die Hilfe der Blockchain könnte man dies weiterhin dezentralisieren, sodass Menschen ihre eigenen Preise auswählen können und vollständig dezentralisiert Mitfahrgelegenheiten anbieten/nutzen. Obwohl diese Branche noch weitgehend von Uber kontrolliert wird, kultivierte sich in letzter Zeit ein Startup namens ArcadeCity, welches vollständig dezentralisiert ist.

8 ONLINE DATENSPEICHER

Daten in zentralisierten Plattformen sind anfällig für Hacking, Datenverlust und menschliche Fehler. Die Blockchain kreiert Plattformen, auf die in einer dezentralisierten Art und Weise Daten hochgeladen werden, die auf allen PC's der Welt verschlüsselt abgelagert sind. Somit sind Daten sicher gegenüber Hacking-Angriffen, und darüber hinaus billiger. Siacoin (https://sia.tech/) und Storj (https://storj.io/) sind zwei führende Kryptowährungen auf diesem Gebiet. Bei beiden Plattformen hat man als Privatverbraucher ebenfalls die Möglichkeit, Gigabytes auf der Festplatte des eigenen PC's zu Verfügung zu stellen und hierfür in Form von Cryptocoins ausgezahlt zu werden.

9 WOHLTÄTIGKEITSORGANISATIONEN

Wieso spenden die meisten Menschen nicht? Die Antwort liegt auf der Hand: Die meisten Menschen sind sich nicht sicher, wo das Geld landen wird! Stell dir eine Welt vor, in der du siehst, wie vielen Menschen deine wohltätige Spende geholfen hat und du dir 100% sicher sein kannst, dass all dein gespendetes Geld bei der richtigen Person gelandet ist. Nächstenliebe 2.0 steht uns mit der Blockchain bevor. Mit diesen Technologien können wir dezentralisierte autonome Wohltätigkeitsorganisation aufbauen, die Spenden in jeder Währung annehmen und innerhalb von Sekunden an bedürftige Familien spenden. Ich bin ein großer Fan von bereits funktionierender, innovativer Technologie. Aus diesem Grund verfolge und benutze ich seit Monaten das junge Unternehmen BitGive.[30]

10 WAHLEN und ABSTIMMUNGEN

Wie viel Manipulation findet wirklich „hinter der Bühne" statt? Durch die Blockchain haben wir die Möglichkeit, Manipulation von Grund auf zu verhindern. Es gibt verschiedene StartUps, die zukünftig jedem Wähler ein Token zuschreiben möchten, welches gleichzeitig ihre Stimme repräsentiert. Mit diesem Token können sie für ihren Wunschkandidaten abstimmen, indem sie diese kryptografische Datei auf das „Wahlwallet" zusenden. Jede Transaktion wird hierbei aufgezeichnet und dauerhaft in der Blockchain vermerkt. Democrathy Earth ist ein Unternehmen, welches weltweite Wahlmanipulation durch Blockchain verhindern möchte.

11 REGIERUNGSSYSTEME

Regierungssysteme sind meistens langsam, trüb und anfällig für Korruption. Aus diesem Grund entschied sich Dubai, bis 2020 alle Regierungsdokumente auf dem Consensys-Netzwerk[31] zu lagern. Dies soll Bürokratie vermindern und die allgemeine Sicherheit vor Angriffen stärken.

12 GESUNDHEITSWESEN

Das Gesundheitswesen basiert auf veralteten Systemen. Krankenhäuser brauchen eine sichere Plattform, auf der sie Daten speichern und wenn möglich mit anderen Ärzten teilen können. In der heutigen Zeit dauert es außerdem sehr lange, Informationen über Patienten weiterzugeben. Durch elektronische Gesundheitskarten, welche leider nach dem konventionellen Wege sehr anfällig für Datenmissbrauch sind, soll dieses Konzept verschnellert werden. StartUps auf diesem Gebiet sind GEM[32] und TIERION[33].

13 ONLINE MUSIK

Artisten können direkt ihre Musik über verschiedene Anbieter verkaufen und machen dadurch Mittelmänner überflüssig. Sie werden direkt von ihren Fans bezahlt, was die Gagen der Künstler erhöht, und darüber hinaus die Kosten der Musik gleichzeitig senkt. Außerdem können Smart-Contracts verschiedene Lizenzen kreieren und somit jeden Song vor Diebstahl schützen. Ein dynamisches junges Team bietet das Startup Mycelium[34].

14 HANDELSPLATTFORMEN

Mit Hilfe der Blockchain können Käufer und Verkäufer ohne Mittelmänner wie Amazon und Ebay verbunden werden. Vertrauen wäre durch SmartContracts und Rezensionen gesichert. Startups hierfür sind OpenBazaar[35] und OB1.

15 IMMOBILIEN

Unheimlich viel Bürokratie, Betrug, mangelnde Durchsichtigkeit und menschliche Fehler plagen seit Jahren die Welt der Immobilien. Eine Erhöhung der Geschwindigkeit würde zustande kommen, indem man Papierkram eliminieren und automatisierte Blockchain-Verifikationen bestimmter Dokumente einführen würde. Außerdem hätten Privatpersonen die Möglichkeit, Grundstücke direkt an andere Menschen zu verkaufen und somit Mittelmänner überflüssig zu machen. Das Start-Up Ubitquity[36] ist vollständig funktionsfähig und führt seit diesem Jahr Transaktionen durch.

16 ARBEITER und FREELANCER EINSTELLEN

Das Internet kreierte in den vergangenen Jahren viele Möglichkeiten der Kommunikation: Ich stellte ebenfalls des Öfteren virtuelle Assistenten für verschiedenste Ereignisse an, und musste entsetzt feststellen: Der junge Mann aus Indien verrichtet die Arbeit schneller, effektiver und darüber hinaus billiger, als Arbeiter aus Europa! Durch die Blockchain haben wir die Möglichkeit, Arbeiter und Freelancer aus der ganzen Welt direkt anzuheuern, indem wir uns mit ihnen in Verbindung setzen können. Zukünftig brauchen Unternehmen viele verschiedene Kräfte mit unterschiedlichen Spezialisierungen. Bis dato benutze ich die Plattform Fiverr[37] und Upwork[38], jedoch bietet Colony.io[39] eine Ausweichplattform, die auf der Ethereum-Basis gebildet worden ist.

17 FAIR TRADE

Der Lohn für Schokoladensammler liegt bei 0,01€, welche durch die Blockchain immens erhöht werden können, sodass Mittelmänner herausfallen, die das restliche Geld einstecken. Außerdem werden alle Zahlungen und Transaktionen auf der Blockchainkette notiert und sind somit vollständig offensichtlich.

Die letzten Passagen sind sehr futuristisch und optimistisch beschrieben. Durch Überspitzungen wollte ich dir die Blockchain und ihre Anwendungsmöglichkeiten näherbringen. Natürlich können wir die nächsten Monate kein Wandel zur Blockchain mitverfolgen, jedoch werden diese Industrien im Laufe der Zeit immer mehr von dezentralisierten Plattformen abgelöst. Der intelligente Investor erlernt hiermit, richtig abzuschätzen, ob es in diesen Gebieten Sinn macht, eine Blockchain zu integrieren.

8 WICHTIGSTE KRYPTOWÄHRUNGEN DER GESCHICHTE

Stand 2018 hält Bitcoin auf dem Kryptomarkt mit einem Wert von fast $130 Mrd. USD den ersten Platz - dicht gefolgt von Ethereum mit $80 Mrd USD. Um zukünftige Innovationen vorherzusehen und abzuwägen, schauen wir uns einmal die Geschichte hinter der Blockchain an. Auf die wichtigsten werden in diesem Kapitel eingegangen, wobei man stets bedenken muss, dass ich viele auslassen musste, da dieses Buch sonst wahrscheinlich bis 2020 nicht veröffentlicht wäre.

ecash / DigiCash

1990 wurden die ersten Online-Kryptowährungen auf den Markt gebracht, welche sich leider durch schlechte Führungspositionen nicht etablieren konnten. Es wurden viele falsche Entscheidungen getroffen, sodass wir heutzutage kein ecash in unseren Windows Betriebssystemen integriert haben.

Bill Gates bot David Chaum, Ceo von ecash, an, digitale Währungen in Windows 95 zu integrieren, was im späteren Verlauf der Jahre von David Chaum abgelehnt wurde. Trotz seines technischen Genies bröckelte es bei Chaum an unternehmerischer Effizienz. Die Integration hätte zu weltweiter Benutzung von digitaler Währung beigetragen, indem ecash in unsere Webbrowser integriert wäre. Investitionen von 100 Millionen Dollar - beziehungsweise Jahre später 50 Millionen Dollar - wurden abgelehnt. 1998 meldete DigiCash die Insolvenz an und die Hoffnung auf digitale Zahlung starb weitgehend für Jahre. Elon Musk entschied sich zu Ende des 20. Jahrhunderts, die nächste digitale Zahlungsmethode zu erfinden, welche dezentralisierter als das Bankensystem ist und somit den Grundstein für Onlinezahlungen bildet.

Namecoin

Durch die steigende Popularität von Bitcoin kultivierten sich immer mehr Kritiker, welche die erste Technologie kritisierten und alternative Kryptowährung auf den Markt brachten. Beispielsweise wurde die lange Transaktionszeit und Transaktionsgebühr von Bitcoin kritisiert, welche für eine Weltwährung nicht nützlich waren. Aus diesem Grund befindet sich der Code von Bitcoin öffentlich zugänglich auf GitHub und kann bearbeitet und unter einem neuen Namen wiederveröffentlicht werden.

Notiz:

Heutzutage kann man innerhalb von 15 Minuten mit Grundfähigkeiten der Codierung eine Kryptowährung erstellen. Ich werde in den nächsten Monaten ein YouTube Video dazu drehen, das dir die Augen öffnen soll, dass jeder einen Cryptocoin erstellen und vermarkten kann – das heißt im übertragenen Sinne: Vertraue nicht jedem ICO.

Der erste Fork, der den ursprünglichen Code von Bitcoin beinhaltete, wurde im Jahr 2011 unter dem Namen NameCoin (NMC) veröffentlicht. Dies ist eine innovative Kryptowährung auf Basis der Bitcoinsoftware, welche eine neue Form von Top-Level-Domains (Internetdomains) zur Verfügung stellt. Da sich diese außerhalb der Kontrolle der ICANN befinden, kann eine Zensur im Internet vermieden werden. Hierdurch entwickelte sich die ursprüngliche Software, die hauptsächlich für Bezahlungen verwendet wurde, zu einer Anwendung im digitalen Bereich.

Litecoin

Diese Kryptowährung, welche sich unter den TOP10 der Kryptowährungen befindet, wurde von Charlie Lee entwickelt. Bevor er seine eigene Kryptowährung veröffentlichte, arbeitete er bis Ende 2011 bei Google. Kurz daraufhin veröffentlichte er die Kryptowährung Litecoin auf GitHub. Da Lee sofort das Potential von Bitcoin verstand und diese auch zuvor minte, verbesserte er zwei Hauptfunktionen von Bitcoin, und schrieb diesen Code für seine neue Kryptowährung um:

1. Die Blockzeit beträgt 2.5 Minuten, welche 4x so schnell wie die von Bitcoin ist und somit zu schnelleren Transaktionen führt.

2. Litecoin benutzt eine andere Hashfunktion im Proof-of-Work-Konsens, welche den Mining Prozess leichter für Hobbyminer gestaltet. In den Anfangsjahren gab es keine riesigen Miningpool-Anlagen. Leute minten Bitcoin mit ihrem eigenen PC - genauer gesagt mit ihren CPU's. Nachdem Leute auf GPU's wechselten (Grafikkarte des Computers), erhöhte dies die Miningeffektivität. Aus diesem Grund stellte Lee die Hashrate weiter herunter, sodass Mining für Hobbyisten zugänglich wurde. Somit kreierte Charlie Lee eine perfekte Alternative für Homemining, und übersah hierbei, dass das Mining eine riesige Industrie gebildet hatte.

Der Rest der Software ähnelt dem Bitcoin und besitzt keine gravierenden Unterschiede. Da LiteCoin 4x schneller gemint wird, befindet sich eine 4x höhere Gesamtzirkulation an Litecoin im Umlauf. Die maximale Anzahl von Bitcoin ist auf 21 Millionen begrenzt, wobei sich insgesamt 84 Millionen Litecoin im Umlauf befinden werden.

Exkurs:
Sollten Bitcoin und LiteCoin eines Tages dieselbe Usability haben, würde Litecoin immer noch bei ¼ vom Preis von Bitcoin liegen, da 4x so viele LTC im Umlauf sind. Die Coinanzahl ist eine wichtige Komponente, da diese einen direkten Einfluss auf den Wert eines Cryptocoins hat.

Ripple

Diese Kryptowährung wurde von den Entwicklern Ryan Fugger, Chris Larsen und Jed McCaleb, welcher im späteren Verlauf nochmal für Stellar Lumens wichtig sein wird, kreiert. Ripple basiert auf einer gemeinsamen öffentlichen Datenbank, welche ein Register mit allen Kontoständen aufzeigt. Das Register ist öffentlich zugänglich und somit kann jede Transaktion auf diesem Register verfolgt werden. Der Unterschied zu Bitcoin liegt darin, dass Zahlungen sofort erhalten und verschickt werden. Ripple arbeitet nicht mit dem PoW-Konsens, sondern die Ripple Innovation besteht darin, dass sie ohne Miner arbeiten. Sie arbeiten mit einem Consensus-

Algorithmus zusammen, welcher auf Vertrauen beruht. Insgesamt wurden 100 Milliarden XRP im Voraus kreiert, welche jedoch zu einem großen Teil beim Team gehalten sind. Somit befindet sich immer noch die Mehrheit von Ripple unter Ripple Labs. Dies führte bei vielen Krypto-Sympathisanten zu Misstrauen.

DogeCoin

Der DogeCoin wurde aus dem Meme des Jahres gegründet. Der CEO sagte selbst „Entstanden ist es durch einen Witz. Aber das war so witzig, dass ich mich entschied, diesen Coin zu erstellen." Mittlerweile sponsert DogeCoin gemeinnützige Organisationen auf der ganzen Welt, setzt sich für arme Länder ein und kreiert unter anderem Wasservorräte.

Monero, Dash, Zcash

Während viele Kryptowährungen nicht für die gewünschte Privatsphäre sorgten, die viele Bitcoin Sympathisanten in den ersten Jahren erwarteten, kultivierten sich neue Kryptowährungen, die vollständig anonym und sicher sind. Wie ich in einigen Kapiteln zuvor erwähnte, ist es ein zugrundeliegendes Missverständnis, dass Bitcoin als „anonym" gehalten wird. Jede Transaktion ist auf der Blockchain gespeichert und kann öffentlich angesehen werden. Falls eine Person eine geheime Zahlung tätigen möchte, ist er mit Bargeld statt Bitcoin besser aufgehoben. Aus dieser Problematik bildeten sich die drei populärsten Anonymitäts-Coins Monero, Dash und Zcash. Die hohen Marktwerte dieser drei Kryptowährungen verdeutlichen, wie viel Wert Benutzer auf die Privatsphäre legen.

Ethereum (Smartcontracts, DApps, EVM)

Ethereum und Bitcoin unterscheiden sich vollständig in ihrer Funktionsweise, sodass beide Kryptowährungen zukünftig einen hohen Marktwert genießen können. Bitcoin gilt als dezentralisierte Zahlungsmöglichkeit, während Ethereum einen dezentralisierten Weltcomputer bildet, auf den verschiedene Applikationen gebildet werden können. Ether (die hauseigene Kryptowährung zu der Plattform Ethereum) gilt neben bitcoin (Bitcoin-Software, bitcoin-Kryptowährung) als zweitwichtigste Kryptowährung. Bevor Vitalik Buterin Ethereum und die EVM (Software, die ermöglicht, jeden Programmcode der Welt zu verwenden) codierte, war es sehr aufwendig und schwierig, eigene Blockchainanwendungen und Kryptowährungen zu entwickeln. Jede Person kann mit Hilfe dieser Plattform eigene Anwendungen kreieren und auf der Blockchain abspielen lassen. Außerdem kann man mit Hilfe von Smartcontracts bestimmte mathematische Bedingungen in der Blockchain voraussetzen: „Wenn x passiert, dann folgt y." Beispiel: (x) Wenn Martin seinen Flug verpasst, (y) und es die Schuld der Fluggesellschaft ist, (Folge) dann erstattet die Fluggesellschaft Martin seine vollständigen Kosten."

Ein Zusammenschluss von EVM und SmartContracts ermöglicht es, dezentrale Applikationen auf der Software von Ethereum zu kreieren. Dapps sind hierbei spezifische Anwendungen, die auf Ethereums Blockchain aufbauen. Man bezeichnet die Erfindung von Ethereum als Blockchain 2.0, da zwischen dem finanziellen Aspekt der Blockchain nun die verschiedensten Branchen davon profitieren können. Ethereums Marktwert trotz der möglichen Anwendungsbereiche ist nach Stand 2018 völlig unterbewertet.

Persönlich gefällt mir das Team hinter Ethereum sehr gut: An der Spitze befindet sich Genie und Kryptomarktinnovator Vitalik Buterin. Seine Intention ist es, Blockchain, beziehungsweise Bitcoin nicht nur als eine Art Rechner für Schulden und Geld zu benutzen, sondern als eine Art Computer, auf dem alles gebildet werden kann. Ähnlich wie Apple eine Plattform kreierte, auf der verschiedene Apps entwickelt und angeboten werden können. Viele Leute beklagen sich über Kreditkartengebühren in Höhe von 2-3%, wobei Unternehmen wie AirBnB und Uber 20-30% an Gebühren für die Benutzung verlangen. Durch diese Plattform können Vermittler und Mittelmänner vollständig ausgeschlossen werden, sodass zukünftig in vielen Branchen P2P Netzwerke entstehen.

Anfang 2018 verkündigte das Entwicklerteam, dass der PoW Konsens langfristig aufgegeben wird, und Ether mit der Zeit vollständig auf PoS wechselt. Ein Blick auf https://bitinfocharts.com/de/ethereum verdeutlicht, dass Ethereum am Tag 1.3 Millionen Transaktionen auf ihrer Blockchain im Vergleich zu Bitcoins 300.000 verzeichnet. Zukünftig werden ähnliche dezentralisierte Plattformen wie EOS und ICON erwartet.

Stellar Lumens (XLM)

Positive Nachricht nach positiver Nachricht: IBM kündigt an, im zweiten Quartal von 2018 XLM (Die Kryptowährung hinter der Plattform) monatlich für Zahlungen insgesamt im Wert von 1 Mrd USD zu benutzen. Darüber hinaus kündigt Stripe eine Nutzung von Stellar Lumens an!

Hierbei gehört der CEO JedMcCaleb zum CoFounder von Ripple, jedoch verlässt er das Unternehmen und veröffentlicht unter der Weiterverarbeitung des Ripple Codes seine eigene Kryptowährung - diesmal mit einer eindeutigen Verteilung und Dezentralisierung (im Vergleich zu Ripple).

Was macht XLM so besonders?

• Bei einer Transaktion von 100.000 Stellar Lumens fällt eine Gebühr von 0,01€ an, welche lediglich die Absicht hat, vor Spam zu schützen.

• Die Durchschnittliche Transaktionsdauer beträgt 5 Sekunden.

• XLM veröffentlicht 2018 ihre eigene Handelsplattform namens SDEX.

• Das Entwicklerteam integriert ebenfalls das Lightning-Network, um mögliche zukünftige Skalierungsprobleme effektiv zu lösen.

9 SCHRITT FÜR SCHRITT ANLEITUNG

BITCOIN, ETHEREUM UND CO. KAUFEN, TÄGLICHE PROFITE ERZIELEN, SICHER LAGERN

Wir gehen vollständig auf alle wichtigen Punkte ein, sodass du am Ende von diesen Kapiteln alle notwendigen Informationen für einen direkten Start erhältst. Da dieses Buch an Investoren gerichtet ist, diskutieren wir aus diesem Grund die Voraussetzungen für Investments. Investiere niemals zufällig in Kryptowährungen.

"I don't throw darts at a board. I bet on sure things. Read Sun-tzu, The Art of War. Every battle is won before it is ever fought. The mother of all evil is speculation. The most valuable commodity I know of is information."

- Gordon Gekko, Wall Street

• Wie ist das Team hinter der Kryptowährung?

• Hat die Kryptowährung eine nützliche Funktion?

• Wie wird das Projekt vermarktet?

Momentan mögen viele Investitionen noch Geld einbringen, da der Markt relativ am Anfang steht, doch wie sieht die Zukunft aus? Wirst du den Moment nutzen können, während nutzlose Kryptowährungen an Wert verlieren und die sinnvollen um ein hundertfaches ihres Wertes steigen? Verglichen mit der Dotcom-Blase stieg auch diese in den ersten Jahren rasant an. Viele Unternehmen, die keinen Mehrwert geboten haben, waren mehrere Millionen Dollar wert. Ähnliche Unternehmen sind ebenfalls auf dem Kryptomarkt, weshalb es unsere Aufgabe als intelligenter Investoren ist, zwischen guten und schlechten Unternehmen zu unterscheiden.

Das Internet (IoT) kann heutzutage viel mehr Sachen erledigen, als es das noch vor 20 Jahren konnte. Somit kann, im Vergleich zur Dotcom-Blase, ein viel höherer Marktwert vorherbestimmt werden. Ein Unternehmen wird an dem Maß der Probleme gemessen, die es lösen kann. Diese hatten gegen Ende des 20. Jahrhunderts nicht die Kapazitäten und Möglichkeiten, große Problemfelder zu lösen. Doch werfen wir einen Blick auf die Unternehmen der vergangenen Jahre: Amazon wurde ebenfalls während der Dotcomblase gegründet und zählt heutzutage zu den mächtigsten Unternehmen der Welt. Amazon hat das Platzen der Blase nicht nur überlebt, sondern regelrecht den Wert aller anderen Unternehmen

„gefressen" und ist weitergewachsen. 2017 wird Amazon-CEO Jeff Bezos zum reichsten Menschen der Welt gekürt.

Alle Wege führen ~~nach Rom~~ zu BTC oder ETH

Bevor du dir die Investitionskapitel durchliest, habe ich für dich ein Video zusammengestellt, das dir die wichtigsten Informationen zum Investieren mit auf den Weg gibt. Gib diesen Link bitte nicht weiter, da das Gruppenlimit des Testprogramms explizit für Leser dieses Werkes bestimmt ist. Dieses Video, bzw. die Investmentprogrammgruppe wird im Kapitel „Kostenloses Bonusvideo" noch einmal aufgegriffen.

Bitcoin oder Ether günstig einkaufen

BTC und ETH gelten auf vielen Handelsplattformen als Hauptkryptowährung. Sobald du alternative Cryptocoins kaufen möchtest, bist du verpflichtet, BTC oder ETH auf die Handelsplattform deiner Wahl zu senden, und dort auf einem verfügbaren Markt deine Kryptowährungen gegen deine alternativen Cryptocoins umzuwandeln.

Bitcoin oder Ether?

Seit Monaten kaufe ich nur noch ETH, da ETH im Vergleich zu Bitcoin sehr niedrige Transaktionsgebühren (BTC: \$10-25, ETH: \$1) und lediglich eine Transaktionswartezeit von 10 Minuten (statt BTC: 60 Minuten) besitzt. Außerdem wechselt ETH auf PoS, womit ETH-Holder tägliche Zinsen für die Stabilisierung und Validierung des Netzwerkes erhalten.

Wo kann ich am günstigsten BTC oder ETH kaufen?

Anfangs kaufte ich meine Kryptowährung von verschiedenen Anbietern immer per Kreditkarte oder Sofortüberweisung, da ich keine Schritt-für-Schritt-Anleitung besaß und somit nach dem einfachsten, funktionierenden Weg suchte. Du kannst dir sicherlich vorstellen, dass ich einen hohen Betrag an Gebühren zahlen musste.

BitPanda, welches ein österreichisches Unternehmen ist, galt hierbei als meine Hauptanlaufstelle. Mir war nicht bewusst, dass ich Bitcoin von anderen Menschen für einen viel billigeren Preis erwerben kann. Stattdessen zahlte ich verschiedenen Anbietern 5-10% höhere Beträge.

Nach etlichen Monaten fand ich, auf Empfehlung meines amerikanischen Mentors, Coinbase und das Partnerunternehmen GDAX. Coinbase wurde im Silicon Valley gegründet und besitzt momentan die höchste Sicherheitsstufe gegen Betrug. Außerdem vergrößern sie ihr Team, aufgrund der Menschenmengen die BTC und ETH kaufen wollen, exponentiell. Mir wurde bis dato kein einziger Cent vorenthalten. Sobald du auf Coinbase registriert bist, kannst du dich mit denselben Login-Informationen auf GDAX einloggen.

Im ersten Schritt erstellst du dir einen Account auf https://www.coinbase.com/ und verifizierst deine Identität. Danach verifizierst du dein Bankkonto in Form von einer Überweisung von 0,01€. Auf der Webseite ist eine Schritt-für-Schritt-Anleitung zu finden.

Nachdem du im weiteren Verlauf deinen Wunschbetrag auf das Konto von Coinbase überwiesen hast, dauert es in der Regel 1-2 Tage, bis dein Geld auf deinem EuroWallet sichtbar ist. Meine Überweisungen dauern durchschnittlich einen Tag und sind um Punkt 8:21 Uhr morgens auf meinem Coinbase-Account. Außerdem gefällt mir das hohe Limit an Überweisungen.

Sobald dein EuroWallet mit deinem Geld aufgeladen ist, loggst du dich auf der Partnerseite GDAX ein:

https://www.gdax.com/

Hierbei musst du dich kurz ein zweites Mal verifizieren, sodass du danach deinen GDAX Account in vollen Zügen nutzen kannst. Durch einen Klick auf „Deposit" kannst du nun deine Euros innerhalb weniger Sekunden auf GDAX lagern, und hast nun die Möglichkeit BTC, ETH, BCH und LTC zu den günstigsten Preisen von anderen Menschen zu kaufen.

Da dieser Vorgang einige Tage in Anspruch nimmt, stelle ich dir eine zweite schnellere Möglichkeit vor, um BTC/ETH zu kaufen. Erstelle dir hierfür ein BitPanda-Account (https://www.bitpanda.com). BitPanda ist ein österreichisches Unternehmen. Hier kannst du dir für 5-10% teurere Wechselkurse deine Kryptowährungen mit SofortÜberweisung oder per Kreditkarte kaufen. Erstelle dir langfristig jedoch einen Coinbase- und GDAX-Account, um diese Gebühren zu umgehen. Außerdem hast du dadurch die Möglichkeit, Daytrading mit BTC und ETH zu betreiben. Auf Daytrading-Tipps gehen wir im weiteren Verlauf des Buches ein.

Verstaue niemals deine komplette Kryptowährung auf einer Handelsplattform wie BitPanda, Coinbase, GDAX, usw. Im Falle eines Hackangriffs auf einer Handelsplattform verlierst du sämtliche Kryptowährungen.

Dir werden im Folgenden viele verschiedene Wallets vorgestellt, mit denen du die volle Kontrolle über deine Kryptowährungen besitzt. Du kannst deine Cryptocoins direkt von einer Handelsplattform auf dein persönlichen Wallet versenden und verstauen.

Wie verstaue ich meine Kryptowährungen am sichersten?

Bevor verschiedene Wallets aufgezeigt werden, diskutieren wir über PrivateKeys (Bitcoin Address) und PublicKeys eines Wallets.

Private Key (ähnlich wie dein Passwort für deine E-Mail Adresse)

Der Private Key ist dein persönliches Passwort für dein „Bankkonto". Gib diesen Private Key NIEMALS an eine dritte Person weiter. Sobald eine Person deinen Private Key kennt, hat dieser vollständigen Zugriff auf dein Konto und könnte all deine Kryptowährungen entleeren.

Auf einer Handelsplattform wie Coinbase kümmert sich eine dritte Partei um deine Private Keys, sodass du dich wie gewohnt mit E-Mail und Passwort einloggen kannst. Erstelle dir, sobald dein Kryptovermögen steigt, unbedingt ein privates Wallet, auf welchen nur du vollständigen Zugriff besitzt. Aus der Reihenfolge der Zahlen deines Privat Keys entsteht ein Public Key. Das heißt im Übertragenen Sinne, dass du deinen Public Key aus deinem Private Key ableiten kannst. Jedoch ist die Kryptographie so verschlüsselt, dass ein Public Key niemals auf den Privat Key zurückführbar ist. Der intelligente Investor muss nicht verstehen, wie diese Form von Kryptographie funktioniert, da dies tief in die Materie der Informatik eingeht.

Solange nur DU den Private Key besitzt, hast du vollständige Kontrolle über dein Geld. Bewahre ihn sicher und schreibe ihn öfters auf. Ich habe meine beispielsweise an drei verschiedenen Orten gesichert. Ich kenne viele (und ich gehöre auch selber zu den Experten), die sich denken, einen Buchstaben verändern zu können, und sich Monate später daran erinnern zu können. Wir leben in einer komplexen Welt, mit zu vielen Informationen für unsere Sinne, sodass es so gut wie unmöglich ist, uns an alles zu erinnern. Schreibe ihn eins zu eins nieder.

Warnung: Phishing-Versuche auf verschiedenen Webseiten

Achte immer auf die richtige Webadresse für dein Wallet. Beispielsweise schalten viele Betrüger Google AdsWerbung auf Suchbegriffe wie MyEtherWallet und leiten dich auf eine Fake-Seite, auf der sie deinen Private Key klauen und missbrauchen. Auf diesem Bild erkennt man eine Verifikation dieser Seite. Diese Phishing-Versuche finden ebenfalls auf Handelsplattformen statt. Tippe aus diesen Gründen immer die Webadresse in der Zeile oben ein, statt mit Google nach dieser Adresse zu suchen.

Public Key (ähnlich wie deine E-Mail Adresse)

Dein Public Key ist deine öffentliche Adresse, mit welcher du Geld empfangen kannst. Dieser Public Key kann frei zugänglich sein, da man mit diesen nicht auf dein Konto zugreifen, sondern lediglich Kryptowährungen an diese Adresse versenden kann. Des Weiteren solltest du niemals auf einen BTC Public Key Bitcoin Cash senden, da Fehlsendungen in der Blockchain spurlos verschwinden. Im Jahr 2017 sind aufgrund von unachtsamen Aktionen (Vergessen des Private Key, Falsche Adressen für den Public Key,...) über 4 Millionen

Bitcoin als verschwunden gemeldet. Das sind über 48 Milliarden USD. Um dich vor leichtsinnigen Anfängerfehlern zu schützen, siehst du im Folgenden die wichtigsten Tipps für eine sichere Aufbewahrung:

Anfängertipps für eine sichere Aufbewahrung deiner Kryptowährung

• Verstaue höhere Summen deiner Kryptowährung immer auf persönlichen Wallets, zu welchem nur du den Private Key besitzt.

• Sobald deine Gewinne steigen und deine Wallets für Hackerangriffe interessanter werden, lege dir ein Hardware-Wallet zu. Diese USB-Sticks verstauen dein Geld offline und sind somit vollständig gegen Angriffe geschützt. Empfehlenswerte Hardware-Wallets: Ledger Nano S[40] und Trezor Wallet[41].

• Gib deine Private Keys NIEMALS an andere Personen weiter. Speichere diese ebenfalls nicht auf deinem PC oder Handy. Auch wenn diese Maßnahmen drastisch erscheinen mögen, werden sie dich nachts besser schlafen lassen. Meine höchsten Anteile an Kryptowährungen befinden sich auf einem Hardware-Wallet, wohingegen meine anderen Anteile versteckt auf verschiedenen Konten gelagert sind, welche ich zuvor per Stift und Block notierte und daraufhin sicher versteckt habe.

• Verstaue nur kleinere Summen auf Handelsplattformen wie GDAX und Binance, da diese im Falle eines Problems für immer verloren gehen. Falls

Medien von Hackerangriffen reden, dann meinen sie immer Hackerangriffe auf eine Handelsplattform oder ein Wallet, aber niemals auf eine Blockchain.

• Sobald du eine Zahlung an einen Public Key versendest, vergleiche nochmal den ersten und letzten Buchstaben der Zieladresse. Durch zu schnelle Bewegungen kann es vorkommen, dass eine andere zuvor kopierte Adresse das Ziel der Transaktion wird. Manchmal funktioniert die Kopiertaste wohl nicht richtig. (Ja, es war eine schmerzhafte Lektion für mich. Ob mir Bill Gates die Kosten dieses Windowsfehlers zurückerstattet?)

Wallets für BTC, ETH und Co.

Ich möchte Bitcoin sicher verstauen. Welche Möglichkeiten habe ich?

Besuche hierfür die Mainwebseite von Bitcoin. Auf dieser werden viele potentielle Möglichkeiten gelistet:

https://bitcoin.org/de/waehlen-sie-ihre-wallet

Du kannst sie entweder auf deinem Desktop, Handy, Webbrowser oder auf einer Hardware lagern. Ich transferiere selten Bitcoin, weshalb ich den Großteil meiner Bitcoin sicher auf einer Hardware gelagert habe.

KRYPTOWÄHRUNGEN INVESTMENT BIBEL

Online Wallets und Handelsplattformen

Bei dieser Methode werden deine Private Keys von einem Unternehmen gehandhabt. Für dich ist eine E-Mail und Passwortanmeldung möglich. Sobald das Unternehmen einen Fehler begeht oder als Ziel eines Hackerangriffes wird, befinden sich deine Kryptowährungen in Gefahr. Aus diesem Grund empfehle ich, dass du niemals zu hohe Mengen auf Online Wallets, beziehungsweise Handelsplattformen lagerst.

• Binance

• Coinbase/GDAX

• Blockchain

• Xapo

Handy Wallets

Diese Art von Wallets sind sehr nützlich, falls du deine Kryptowährungen mit dir herumtragen möchtest, um kleinere Mengen hiermit zu bezahlen.

• Abra

• Airbitz

• Bread

Hardware Wallets

Hardware Wallets sind USB-Sticks, die sich nur mit dem Internet verbinden, sobald du per Hand deinen Pin eingibst. So ist es nicht möglich, dass dieses Hardware Wallet von einer externen Quelle freigeschaltet wird. Die Hardware ist offline, sodass man nicht über das Internet auf diese zugreifen kann. Sobald die Hardware jedoch verloren geht, sind auch deine Kryptowährungen zusammen mit den Bitcoins, die zu den gespeicherten privaten Schlüsseln gehören, verloren. Hierfür besitzt du notfalls deinen Resetseed, der aus vielen verschiedenen Worten zusammengewürfelt wurde, sodass du im Falle eines Verlustes deinen Private Key resetten kannst. Ich habe meine Kryptowährungen mit 2 Hardware Wallets gesichert, sodass ich auf der sicheren Seite bin, falls ich mal eines verlieren sollte.

- Ledger Nano S[40]

- Trezor Wallet[41]

Paper Wallets

Um deine Bitcoins sicher zu lagern, ist dies die einfachste Methode. Du kannst dir mit verschiedenen Services wie WalletGenerator oder BitcoinPaperWallet eine neue BTC-Adresse erstellen. Private Key und Public Key sind hierbei vollständig in deinem Besitz. Vermeide es, den Private Key über deinen Drucker zu drucken oder

Fotos mit deinem Smartphone zu schießen. Schreibe deinen Private Key per Hand auf ein Blatt Papier. Dies ist die einfachste Methode, um dir schnell und sicher ein Bitcoin Wallet zu erstellen.

Wo lagere ich am besten ETH?

Da ich sehr viel ETH benutze, habe ich ein absolutes Lieblingswallet.

https://www.myetherwallet.com/

Auf diesem Wallet besitzt du nicht nur die Möglichkeit, ETH zu lagern, sondern darüber hinaus noch ethereumbasierte Tokens (ERC20 Tokens). Da diese über die Ethereum Plattform laufen, kannst du diese auf demselben Wallet lagern. Aus diesem Grund lagere ich neben Ethereum noch beispielsweise FunFair (FUN) oder SNOV auf diesem Wallet. Du besitzt die Möglichkeit, vergangene Transaktionen der Ethereum-Blockchain über https://ethplorer.io/ oder https://etherscan.io/ anzusehen.

Du hast viel über Stellar Lumens (XLM) gesprochen. Wo kann ich das lagern?

Stellar Lumens besitzt eine eigene Plattform, die es ermöglicht, Kryptowährungen direkt auf dieser Plattform zu lagern. Ein Blick auf die jeweilige Webseite genügt oftmals, um über die bestmöglichen Möglichkeiten einer Lageroption aufgeklärt zu werden.

Möglichkeiten

https://www.stellar.org/lumens/wallets/

Stellar Plattform Wallet
https://www.stellar.org/account-viewer/#!/

Wo lagere ich prinzipiell alternative Cryptocoins?

• Längere Investments auf einem sicheren Hardware-Wallet.

• Viele Coins haben eigene Plattformen/Wallets: Ein Blick auf die Webseite genügt oftmals. (Beispiele: SIA, XLM, IOTA)

• Kurzzeitige Investments und Daytrades auf der jeweiligen Handelsplattform, sodass ein schneller Verkauf möglich ist

• Google-Suche: [Kryptowährung] Best Wallet

Sichere Handelsplattformen für alternative Cryptocoins

Aufgrund der mangelnden Information für europaansässige Käufer führte ich meine erste Transaktion auf https://www.litebit.eu/en aus, wobei mir 200€ in wenigen Minuten gestohlen wurden. Deshalb ist es mir wichtig, dass du einen Überblick über seriöse Handelsplattformen erhältst. Du kannst unter https://coinmarketcap.com/ die Handelsplattformen mit dem größten Handelsvolumen ansehen. Klicke hierfür lediglich auf deine gewünschte Kryptowährung, und danach auf „Markets".

Welche Handelsplattformen nutze ich täglich?

- GDAX: https://www.gdax.com/

- Binance: https://www.binance.com/

- Poloniex: https://poloniex.com/

- Bittrex: https://bittrex.com/

Leichtes Geld gefällig?

Der Wert eines Cryptocoins steigt immens, sobald er auf mehreren Plattformen gelistet wird. Haupthandelsplattform ist hierbei Coinbase, welches die

Anlaufstelle für Neukunden ist, sowie die Tauschinstitution zwischen Bargeld und Kryptowährung widerspiegelt. Sobald eine neue Währung auf Coinbase gelistet wird, schießt der Wert dieses Cryptocoins in den ersten Stunden weit nach oben. Womit wir wieder am Anfang des Buches wären: Als ich erfuhr, dass BCH auf Coinbase angeboten wird, habe ich sofort meine SIA Coins in BCH investiert. Durch den ersten Hype ist der Cryptocoin in die Höhe geschossen, und ich konnte innerhalb weniger Stunden Profite verzeichnen.

Aus ähnlichen Gründen surfe ich oftmals auf Handelsplattformen, die weniger bekannt sind. Wenn die Komponenten Unternehmen, Idee und Umsetzung hinter einer Kryptowährung gut sind, dann wird es nicht lange dauern, bis andere Handelsplattformen diesen Cryptocoin ebenfalls im Visier haben und auf ihrer Plattform anbieten. Deswegen halte ich oftmals Ausschau nach Newcomern:

Unbekanntere & unsicherere Handelsplattformen, die ich zwar oftmals benutze, aber dennoch mit Vorsicht genieße

- Cryptopia: https://www.cryptopia.co.nz/

- YoBit: https://yobit.net/

- EtherDelta: https://etherdelta.com/

Bonus zu Etherdelta – Kurzerklärung:

https://etherdelta.com/

Da auf dieser Plattform alle ethereumbasierten Tokens angeboten werden, und viele von diesen großes Potential besitzen, widmen wir uns einer kurzen Kaufanleitung, da diese viele Anfänger anfangs verwirren mag. Um dich auf dieser Plattform anzumelden, musst du den Private Key deines EthereumWallets eingeben. Wie seriös das Team auch klingen mag, gib niemals deinen Haupt-Private-Key, auf dem du dein gesamtes ETH gelagert hast, auf der Seite ein. Erstelle einen zweiten Account und lade darauf ETH. Sobald deine Transaktionen auf der Handelsplattform abgeschlossen sind, schicke die Coins wieder auf dein Haupt-Wallet.

Kurzanleitung für deinen ersten Einkauf

Dieses Kapitel beinhaltet wiederholend noch einmal die wichtigsten Schritte, um deinen ersten Kauf zu tätigen. Um dir dies so einfach wie möglich zu gestalten, habe ich dir eine Reihenfolge zusammengestellt. Außerdem befindet sich am Ende des Buches erneut ein Link zum Trainingsvideo, in dem dieses Thema noch einmal aufgegriffen wird.

Schritt 1
Account erstellen, um BTC oder ETH zu kaufen.
Mögliche Plattformen: Coinbase, BitPanda, GDAX

Schritt 2
Bitcoin oder Ether kaufen.
Mögliche Plattformen: Coinbase, BitPanda, GDAX

Schritt 3
Account auf einer Handelsplattform erstellen.
Mögliche Plattformen: Binance, Poloniex, Bittrex, Bitfinex

Schritt 4
Auf der ausgewählten Handelsplattform verifizieren und Limits aufheben.

Schritt 5
BTC/ETH auf das Wallet deiner Handelsplattform (unter Deposits siehst du deine Wallets) versenden.
BTC auf BTC Wallet, ETH auf ETH Wallet. Andernfalls gehen diese verloren.

Schritt 6

Abwarten, bis BTC und ETH auf deinem Wallet angezeigt wird. Je nach Plattform benötigt die Transaktion mehrere Bestätigungen. Dieser Vorgang dauert zwischen 10-120 Minuten.

Schritt 7

Klicke auf „Advanced Exchange" und wähle die gewünschte Kryptowährung aus.

Schritt 8

Tausche die gewünschte Kryptowährung gegen BTC oder ETH.

Schritt 9

Versende deine alternativen Kryptowährungen auf ein persönliches Wallet.

10 TÄGLICHE PROFITE DURCH DAYTRADING

Daytrading bietet sich an, falls du innerhalb weniger Stunden und Tage mit täglichen Käufen und Verkäufen Geld machen möchtest. Beim Daytrading geht es um technische Analysen, die zielgenau und deutlich vorhersagen, wie sich ein Graph bzw. der Preis vom Coin in einer bestimmten Zeit verhalten wird. Wichtig ist, die Tipps und Tricks zu kennen, den Markt zu verfolgen, preislich tief einzukaufen und hoch zu verkaufen – Buy Low, Sell High. Leichter gesagt als getan. Da es über 100 verschiedene Indikatoren gibt, widmen wir uns vorerst den Grundtechniken.

Empfohlene Plattform für tägliche Analysen

https://www.coinigy.com/

1. Candlesticks

Um Graphen am besten einzuschätzen, benutze ich die Candlesticks-Anzeigeform. Diese gibt mir einen besonderen Überblick, wie sich der Graph im ausgewählten Zeitabschnitt verhält. Wählt man beispielsweise ein 15 Minuten Intervall aus, erkennt man, ob der Graph in den 15 Minuten gefallen (rot), oder gestiegen ist (grün). Falls ich Daytrading betreibe, arbeite ich immer mit 15-Minuten-Intervallen zur kurzfristigen Analyse und 6h zur langfristigeren Analyse. Setze niemals gegen den langfristigen Trend eines Graphen: „The trend is your friend!"

2. Trendlinien

Die Trendlinie verdeutlicht die Preisentwicklung einer Kryptowährung. Befindet sich die Kryptowährung in einem positiven oder negativen Trend? Markiere die niedrigsten Stellen und verfolge, wie sich der Trend entwickelt. Setze niemals gegen den Trend. Das Gleiche kannst du auch mit den Höhen machen und du siehst sofort, in welche Richtung sich der Trend entwickelt.

3. Supportlinie

Wo wird die Abwärtsspirale immer wieder aufgehalten? Sobald der Graph auf diesen Punkt fällt, sind sehr viele Leute bereit, diese Kryptowährung erneut aufzugreifen. Aus diesem Grund wird Bitcoin niemals auf 0€ fallen, da bei einem gewissen Preiseinsturz sehr viele Leute bereit sind, nachzukaufen.

4. Resistance-Linie

Die Restistance-Linie ist die Zone, in der ein Coin immer wieder gegen eine bestimmte Wertlinie schlägt, aber nicht genug Kapazität besitzt, um auszubrechen. Meistens bewegt sich der Preis eines Cryptocoins innerhalb der Support- und Resistance-Linie, bevor er sie endgültig durchbricht (BREAKOUT) oder fällt.

Beispiel Support- & Resistance-Linie

www.aposvalley.de/resistance

5. Breakout

Unter einem Breakout versteht man einen Graphen, der die letzte Resistance-Linie vehement durchbrochen hat und eine neue Support und Resistance-Linie bildet. Sobald dieses Bild entsteht, ist das ein sehr gutes Zeichen für einen langfristigen Wertgewinn, da der Graph sich nun in den neuen Bereichen aufhält.

6. Triangle

Dies ist mein absolutes Lieblingsverhalten bei einem Daytrade, da auf dieses Verhalten oftmals ein gewaltiger Breakout folgt. Der Graph testet mehrmals die Resistance-Linie, während die Support-Linie immer weiter nach oben verschoben wird. Am Ende folgt ein Breakout.

7. Fibonacci Retracement & Extension

[Mathematisches, professionelles Analysetool: Falls dir dieses Kapitel zu mathematisch und schwierig wird, kannst du es überspringen. Außerdem empfehle ich dir, verschiedene YouTube Videos zu diesem Thema anzusehen, bis du es vollständig verstehst.]

Panik geht oft mit schlechten Entscheidungen einher. Deshalb ist es wichtig, dass wir künftig Graphen vorherbestimmen können, um einzuschätzen, ob ein Marktfall berechtigt ist oder nicht. Preisfälle des Bitcoins sind in den meisten Fällen ganz normal (Ja, ich rede von den Preisfällen, bei der Medien behaupten, dass die Blase platzt). Durch eine richtige Anwendung dieses Tools kannst du ebenfalls richtig berechnen, wann du einen Deal verlassen und somit die Profite maximieren kannst.

Ich werde im Folgenden Bitcoin auswählen und den Kursverlauf analysieren. Im ersten Schritt schauen wir, zu welchem Zeitpunkt der Graph bei einem 6h-Zeitintervall angestiegen ist. Hierzu beobachten wir die Support-Linie und die Resistance-Linie. Ab wann folgte der positive Aufwärtstrend? Falls du den Graphen falsch zurückverfolgst, wird die Analyse falsch abgebildet.

Im zweiten Schritt wählen wir in der 3. Zeile das Tool „Fib Retracement" aus. Wir setzen den Anfangspunkt zum Anfang des positiven Aufwärtstrends und den Schlusspunkt am Ende des Trends, kurz bevor der Graph wieder zurückrudert. Nachdem du die Punkte richtig gesetzt hast, verschiebst du die Anzeige so weit nach links, sodass der vollständige Graph umhüllt ist.

Verschiedene Fenster zeigen einen Wertrückgang von 0.236 (=23.6%), 0.382 (=38.2%), 0.5 (=50%), 0.618 (61.8%), 0.786 (78.6%) und 1 (zurück an Anfangswert).

Doch wieso kommt eigentlich ein Preisfall an der Spitze zustande? Leute verkaufen ihre Kryptowährungen und behalten den Gewinn. Je mehr Leute ihre Cryptocoins zum neuen Spitzenpreis verkaufen (In diesem Fall 1BTC = $20.000), desto mehr sinkt der Preis. Meistens fällt der Chart auf die 0.5-Linie, oftmals fällt er sogar bis zum

0.618-Punkt zurück. Ich setze oftmals meinen Kaufalarm, falls der Cryptocoin 0.618 oder 0.5 ankratzt. Durch das Tool „Fibonacci Retracement" kannst du den Verlauf einer Kryptowährung analysieren und vorhersagen. Kaufe anfangs niemals ein, wenn der Graph sich ohne Umwege auf dem Weg nach oben schlägt, da daraufhin oftmals ein Downfall folgt. Zeichne deine „Fib Retracement"-Linie ein und kaufe, wenn er sich wieder kurz vor einem Anstieg befindet. Du kannst dir auf Coinigy.com ebenfalls „unter dem blauen Icon" einen Alarm setzen, der dich informiert, wenn deine Kryptowährung auf die gewünschte Prozentanzahl gefallen ist.

11 POTENTIELLE PREISE EINES CRYPTOCOINS ERRECHNEN

Welches Potential verbirgt sich hinter einem Cryptocoin? Dieses Thema wurde oftmals kurz angesprochen. Nun tauchen wir tiefer in die Materie ein. Hierzu sehen wir uns den Marktwert einer Kryptowährung an, statt des individuellen Wertes eines Cryptocoins.

Marktwert

Marktwert = Anzahl im Umlauf zirkulierender Coins x Wert eines Coins

Marktwert von 1000€ = 1000 Coins x 1€

Gleicher Marktwert trotz unterschiedlicher Preiswerte eines Cryptocoins

BTC: 10 Millionen x 1000$

ETH: 100 Millionen x 100$

Stellar Lumens: 100 Milliarde x 0.10€

Der Preis eines einzelnen Cryptocoins ist irrelevant, da endgültig der insgesamte Marktwert die entscheidende Komponente ist. Dieser setzt sich aus dem Wert eines Cryptocoins und der Anzahl zirkulierender Coins zusammen. Der Marktwert von Ripple ist verglichen mit Stellar Lumens beispielsweise zehnmal höher. Ist das gerechtfertigt? Hat Ripple wirklich einen 10x größeren Anwendungsbereich und Wert als Stellar Lumens? Entweder ist der Preis eines XRP zu hoch, oder der Preis eines XLM zu niedrig. Folglich bin ich mir ziemlich sicher, dass sich zukünftig die Preise mindestens angleichen werden.

Zahl der Transaktionen

Eine weitere wichtige Komponente ist die Anzahl der stattgefundenen Transaktionen. Eine höhere Transaktionsanzahl wird schlussendlich mit mehr Nützlichkeit und Alltagstauglichkeit geschlussfolgert. Die Transaktionszahl von ETH nimmt jährlich um das zehnfache zu. Falls diese Steigung weiterhin exponentiell steigt, wird das von einem Anstieg der ETH Marktkapazität gefolgt werden.

https://bitinfocharts.com/de/comparison/transactions-btc-eth.html

Transaktionen – Wie oft werden Kryptowährungen heutzutage pro Tag benutzt? 20. Februar 2018

- Bitcoin: 198.000k
- Ethereum: 886.000k
- Ripple: 732.000k
- Litecoin: 57.000k
- Bitcoincash: 21.000k
- Monero: 4.638k

Geschwindigkeit der Transaktionen und Transaktionskosten

Zeit wird in einer sich immer schneller entwickelnden, komplexen Welt zu einer der wichtigsten Komponenten. Unternehmen wie Amazon Alexa gewinnen aufgrund der zeitsparenden Komponente immer mehr an Popularität. Im Jahr 2017 veröffentlichte Google, dass ¼ aller Suchanfragen sprachlich angefragt wurden. Aus diesem Grund ist die Geschwindigkeit einer Transaktion enorm wichtig.

Eine Bitcoin-Transaktion dauert bis zu einer Stunde, während ETH-Transaktionen in wenigen Minuten durchgeführt werden. Eine Alltagswährung benötigt eine Transaktionszeit von wenigen Sekunden und eine niedrige Transaktionsgebühr. Bitcoin schwächelt in diesen Punkten, weshalb seit einigen Jahren am Lightning Network gearbeitet wird. Transaktionen werden auf einer Sidechain durchgeführt und am Ende des Tages auf die Mainblockchain geschrieben. Dies ermöglicht eine sekundenschnelle Transaktion mit niedrigen Transaktionsgebühren. Anfang 2018 wurden erste Zahlungen auf dem Lightning Network durchgeführt, was die Kosten und Dauer der Bitcoin Transaktionen senkte.[42] [43] [44] [45]

Geschwindigkeit – Stand: 20. Februar 2018

- Bitcoin – Blockbestätigungszeit: 10.213 Min
- Ethereum – Blockbestätigungszeit: 0.248 Min

Transaktionskostenvergleich

22. Dezember 2017
- Bitcoin: $ 55.16
- Ethereum: $ 1.01
- Ripple: $ 0.007

20. Februar 2018
- Bitcoin: $ 03.04
- Ethereum: $ 0.79
- Ripple: $ 0.006

Wie viele Applikationen laufen auf der Plattform?

Ethereum gilt bei den Kryptowährungen als Weltcomputer für Startups. Sobald die jeweiligen Startups an Wert und Benutzbarkeit gewinnen, wird dies automatisch ETH gutgeschrieben. Beispielsweise wurde OMG[46] auf der Ethereumplattform gebildet und unterstützt indirekt Ethereum.

Momentan werden verschiedene Plattformen gebildet. Eine der wichtigsten ist EOS, welche von vielen Fanatikern als „Ethereum-Killer" betitelt wird und sich selbst als Blockchain 3.0 ansieht. EOS ermöglicht ebenfalls, dass verschiedene Applikationen auf dieser Plattform gebildet werden können.

12 NOTWENDIGKEIT VON PORTFOLIOMANAGEMENT

[Portfolio = Individueller Wertbestand verschiedener Kryptowährungen]

Dein Portfolio ist idealerweise auf deine persönlichen Risiken und Ziele genauestens abgestimmt. In den Anfangszeiten analysierte ich Bitcoin genauso wie jede andere Anlageform. Während viele von risikofreien Investments reden, die ihnen hohen Profit erwirtschafteten, ist ohne ein gewisses Grad an Risiko kein großer Gewinn möglich. Der Kryptomarkt ist risikofreudig und innovativ. Änderungen, die in einer Woche stattfinden, passieren ein ganzes Jahr nicht auf dem Aktienmarkt. Während ich dieses Buch schrieb, stieg der Markt um 500 Milliarden Dollar an und fiel daraufhin um 350 Milliarden - welch gewaltige Summen!

Soll ich investieren, wenn der Markt fällt?

"Sei ängstlich, wenn andere gierig sind. Sei gierig, wenn
andere ängstlich sind."

- Warren Buffet

Ich hoffe, Investmentlegende Warren Buffet konnte
dir die Frage halbwegs beantworten. Falls du in den
Kryptomarkt einsteigen möchtest, sind solche Verluste in
Milliardenhöhe der perfekte Zeitpunkt zum Investieren.
Achte stets darauf, dass dir deine Kaufstärke nicht ausgeht.
Derartige Kursschwankungen sind auf dem Kryptomarkt
normal und können jederzeit auftreten.

Mein letztes Investment

Ich hatte einige Kryptowährungen im Auge, die ich
kürzlich zu günstigen Preisen gekauft habe. Während alle
anderen ängstlich waren, kamen mir die letzten Tage wie
ein Winterschlussverkauf vor. Und ich hoffe, dass der
Markt noch weiter fällt, da ich erneut Kryptowährungen
kaufen werde. Ein tolles Geschenk!

Keine Zufallsinvestitionen

Du willst nachts besser schlafen? Investiere niemals
durch Zufall in Kryptowährungen. Ein gutes Beispiel
hierfür ist Hedgefund Manager Mike Novogratz: Ende

2016 besuchte er einen Freund in Brooklyn. Er erwartete nach eigenen Angaben seinen Kumpel, einen Hund und einen Assistenten. Doch was er sah, konnte er nicht glauben: 30 junge und dynamische Programmierer saßen vor den PC's und träumten von weltverändernder Technik. Er investierte daraufhin $500.000 in ETH, was zu der Zeit für weniger als $1 gehandelt wurde. Nach diesem Investment durchreiste er wochenlang Indien. Während seiner Reise verfünffachte sich sein Investment: Er kaufte sofort nach!

„Remember, bubbles happen around things that fundamentally change the way we live. The railroad bubble. Railroads really fundamentally changed the way we lived. The internet bubble changed the way we live. When I look forward five, 10 years, the possibilities really get your animal spirits going."

- Mike Novogratz, Hedgefondmanager

Teile deine Käufstärke richtig ein [Beispiel: 10.000€]

Vermeide den Fehler, den ich anfangs machte: Investiere niemals deine volle Kaufstärke zu einem Zeitpunkt, sondern teile deine Käufe über Monate hinweg auf. Obwohl dies den Spaß anfangs hemmt, ist das langfristig die beste Investment-Strategie. Ich investierte anfangs meine volle Kaufkraft und besaß danach keine Kaufkraft mehr, um neue Beträge zu investieren. Es gab Tage, an denen der Markt drastisch gesunken ist und ich optimalerweise hätte nachkaufen können. Außerdem lernst du in den ersten Wochen, wie das ganze Geschäft funktioniert und kannst im Laufe der Zeit deine Investments besser kontrollieren.

Mein Portfolio

Ich bin kein Investmentberater. Ich verrate dir in diesem Kapitel lediglich, welche Investments ich getätigt habe und welche für mich zukünftig profitabel aussehen. Ich bitte dich, deine eigenen Nachforschungen zu betreiben und in die Projekte zu investieren, die für dich lukrativ erscheinen. Drei Kryptowährungen halte ich seit Monaten. Altcoins werde ich nicht erwähnen, da ich oftmals meine Meinung über diese ändere. Ich verfolge Projekte jeden Tag, um zu sehen, ob die Entwickler ihren Worten Taten folgen lassen oder sich dieses Projekt in einen Scam verwandelt. Ich habe mich in den ersten Tagen für diese drei entschieden und habe im Laufe der Zeit immer mehr nachinvestiert. Diese Hauptanlagequellen spiegeln ca. 70% meines Portfolios wieder. Die restlichen 30% wechseln stetig.

Meine Hauptinvestitionen

- BTC
- ETH
- XLM

Alternative Coins und interessante Projekte

- DASH
- EOS
- SYSCOIN
- POWR
- STRATIS
- SIACOIN
- FUNFAIR
- REP
- ZRX
- BAT

Ich bin täglich auf der Suche nach neuen Projekten. Wir stehen bekanntermaßen am Anfang und der Markt wird sich um ein zigfaches erweitern. Das nächste Milliardenunternehmen ist wahrscheinlich noch in den Startlöchern, während ich diesen Text schreibe. Der intelligente Investor ist sich über den aktuellen Markt, neue Startups und Veränderungen bewusst. Aus diesem Grund empfehle ich dir, stetig meine Social-Media-Kanäle zu verfolgen auf denen ich neue Tricks und Tipps kostenlos für dich zur Verfügung stelle. Die Links hierzu findest du am Ende des Buches. Gerne kannst du dich ebenfalls auf www.aposvalley.de/svalleyletter für den Newsletter eintragen und monatliche Investitionsgeheimnisse erhalten. Außerdem habe ich für dich ein kleines Gewinnspiel zusammengestellt. Mehr Informationen erhältst du unter www.aposvalley.de/Gewinnspiel.

13 ICO -
DIE HÖCHSTEN GEWINNE

Initial Coin Offerings (ICO's) sind die ersten öffentlichen Angebote einer bislang nicht börsennotierten Kryptowährung. Du kannst dir sicherlich vorstellen, dass mit ICO's bis dato die höchsten Gewinne erzielt werden. Beispielsweise fand der ICO von ETH Juli 2014 statt, wobei über 7 Millionen ETH in den ersten 12 Stunden verkauft wurden. Der Verkauf hielt 42 Tage lang an. In den ersten Tagen erhielt man für 1 Bitcoin 2.000 ETH Einheiten. Mit einem durchschnittlichen Bitcoinpreis von $10.000 konnte man mit 1 BTC nun weit mehr als 2 Millionen USD in ETH Anteile besitzen.

Anfang 2017 wurden ca. $320 Millionen Dollar per ICO's eingenommen, welche im Vergleich zu Anfang 2018 20fach zu $6,4 Milliarden anstiegen. Wir befinden uns momentan in einer spannenden Zeit und viele großartige Projekte befinden sich noch in den Startlöchern.
Um an einem ICO teilzunehmen, benötigst du

normalerweise Bitcoin (BTC), Ethereum (ETH), oder Litecoin (LTC). Diese musst du wie gewöhnlich auf dem Exchange deiner Wahl kaufen und UNBEDINGT(!) auf dein privates Wallet versenden. Versende niemals Coins von einer Handelsplattform zum ICO Wallet, da es nicht möglich ist, deine Cryptocoins auf dieses Wallet zu erhalten. Auf der Webseite des ICO's erhältst du eine Eins-zu-eins-Anleitung, wie du vorgehen solltest.

Kleiner Tipp: Versende beim ersten Mal nur kleine Mengen von BTC oder ETH, um den Ablauf zu verstehen. Falls dies erfolgreich abläuft, kannst du eine neue größere Bestellung absenden.

Beispiel

Ich habe in letzter Zeit das ICO Viberate wahrgenommen und über MyEtherWallet Ethereum an ihren Public Key gesendet. Im Gegenzug haben sie mir auf die Adresse, über welche ich das Ethereum verschickt habe, ERC20 Tokens in Form von VIB gesendet. Da ERC20 Tokens auf der Ethereum Plattform funktionieren, konnte ich meine VIB Tokens neben meinem ETH Guthaben auf meinem Wallet ebenfalls ansehen. Versende ich ETH von Coinbase auf ihr Wallet, würden sie die VIB Tokens an meine ETH Coinbase Adresse senden. Somit wären diese Tokens verloren, da ich keine Kontrolle über das Wallet besitze.

Ich würde dir gerne meine momentanen Favorite-ICO's mit auf den Weg geben, jedoch werden diese schon lange hinfällig sein, wenn du das liest. Ich verbringe pro Woche einen Tag mit der Recherche von neuen Unternehmen und ICO's, womit ich bis dato die höchsten Gewinne erzielt habe. Aus diesem Grund empfehle ich dir ebenfalls diese Taktik.

Wo finde ich die aktuellsten ICO's?

- https://icowatchdog.com/

- https://icowatchlist.com/

- https://www.cryptocompare.com/ico/#/upcoming

- https://coinmarketcap.com/tokens/

Viele ICO's sind Scamprojekte

Einer meiner Lieblingsscams ist der ICO von Useless Ethereum Token. Für einen nutzlosen Krypto-Token wurden mehr als 300.000 USD gesammelt, welcher damit warb, vom Gewinn Flatscreens zu kaufen. Der Hype um Initial Coin Offerings nimmt bizarre Züge an. Wer kam auf die Idee, in diesen ICO zu investieren?[47]

„You're going to give some random person on the internet money, and they're going to take it and go buy stuff with it. Probably electronics, to be honest. Maybe even a big-screen television. Seriously, don't buy these tokens. Wait… is this a joke? Is it a scam? Neither! This is real—and it's 100% transparent. You're literally giving your money to someone on the internet and getting completely useless tokens in return. There are no whitepapers, no products, and no experts. It's just you, me, your hard-earned Ether, and my shopping list."

- Useless Ethereum Token, https://uetoken.com/

Wahrer Hype um einen ICO oder nur gutes Marketing?

Viele ICO's starten mit einem unglaublichen Marktwert, sobald sie auf verschiedenen Handelsplattformen gelistet werden. Sobald der erste Hype vergangen ist, sieht man unglaubliche Preisfälle. Verfolge täglich das Interesse der Menschen an diesem Coin. Sinkt es oder steigt es?
https://trends.google.de/trends/explore

Weitere Fragen, die du dir stellen solltest, bevor du einen ICO kaufst:

- Löst der neue ICO ein vorhandenes Problem?

- Gibt es bereits ähnliche Produkte?

- Welches Team steckt hinter diesem Projekt?

- Werden die Meilensteine auf der Webseite zeitlich eingehalten oder hinkt das Entwicklerteam hinterher?

- Wie groß ist potentielle Markt, den dieser Cryptocoin einnehmen möchte?

- Wie werden die Cryptocoins verteilt? Wie viel % hat das Team?

14 QUALITATIV HOCHWERTIGE INFORMATION SELBST RECHERCHIEREN

Ich habe vor kurzem ein YouTube-Video angesehen, in dem ein Mann behauptet hat, dass Electroneum dieses Jahr auf $30-$40 ansteigt und Ethereum auf $200k - $400k. Zuallererst werden hier zufällige Behauptungen und Preisvorhersagen ohne intensivste Recherche gefällt. Falls wir davon ausgehen, dass ETH mit einer Anzahl von 100.000.000 Coins auf einen Preis von $300.000 ansteigt, wäre der gesamte Marketcap bei $30.000.000.000.000. Ist der Anwendungsbereich von Ethereum wirklich so hoch? Die Antwortet lautet momentan: Nein!

Möglicher MarketCap ist ein unheimlich wichtiges Kriterium, das viele Investoren nicht berücksichtigen. Vergleichsweise sind (momentan) 38.000.000.000 XRP und 16.800.000 BTC im Umlauf. Kann der Wert eines Coins auf die gleiche Zahl ansteigen? Natürlich nicht. Ripple kann pro Coin niemals so hoch wie Bitcoin sein. Es sei denn, der Anwendungsbereich ist um ein zigfaches höher.

Ein praktisches Beispiel

Der jährliche weltweite Geldtransfermarkt beträgt 600 Milliarden USD. Stellar Lumens ist ein Cryptocoin, der diesen Markt bereichern würde, da Transaktionen mit Stellar Lumens in wenigen Sekunden durchgeführt werden und Transaktionskosten von wenigen Cent anfallen. Vorausgesetzt Stellar Lumens wäre für 50% aller Transaktionen in dieser Branche zuständig, würde dieser Bereich Stellar Lumens einen Wert von 300 Milliarden USD zuschreiben. Folglich wäre das 27 Mal so hoch wie der momentane Marketcap von Stellar Lumens!

Woher kriege ich wirklich gute Information?

Google Trends

Google Trends sind Indikatoren, um die öffentliche Nachfrage im Mainstreammedia zu verfolgen. Unter der Webseite https://trends.google.de/trends/ sieht man, welche Suchbegriffe und Wörter momentan an Popularität gewinnen. Bei der Suchanfrage „XLM" erhält man einen Eindruck, wie stark oder schwach das Interesse der Menschen sich in den letzten Monaten entwickelt hat. Je mehr öffentliches Interesse eine Kryptowährung genießt, desto rasanter wird sie ansteigen. Darüber hinaus kannst du sogar ablesen, in welchen Regionen dieser Begriff am meisten gesucht und verwendet wurde.

Preistrends und -verhalten

Um Preistrends, Marktdominanz, ICO's, Webseiten (Domains von Kryptowährungen enden meist auf .io) oder Handelsplattformen zu vergleichen, eignen sich diese zwei Webseiten sehr gut:

- https://coinmarketcap.com/

- https://www.cryptocompare.com/

Whitepaper

Whitepaper eignen sich sehr gut, um die Technologie, das Team und ihre Ideen näher kennenzulernen. Außerdem erhält man die Basisinformationen, weshalb die Kryptowährung entstanden ist.

Neuigkeiten

- Twitter
- Reddit
- https://www.coindesk.com/
- https://cointelegraph.com/
- https://bitcoinmagazine.com/
- http://bitcoinist.com/

Weiteres Research

- http://strategiccoin.com/
- https://www.astronaut.capital/

KwFinder

Daneben gibt es ein weiteres Tool, was mir persönlich sehr gut gefällt: https://kwfinder.com/

Dieses Tool ermöglicht dir nicht nur, nach ähnlichen Suchbegriffen zu suchen, sondern dir wird angezeigt, wie oft und an welchen Orten dieser Begriff ebenfalls gesucht wurde.

Marktführer

Wenn es um fachspezifische und tiefgründige Information geht, beobachte ich die Leute, die den Markt seit Jahren prägen und verändern. Darunter zählt Vitalik Buterin, Gründer der Ethereum Plattform. Im Laufe der Zeit hat er sich angeeignet, seine neuesten Erkenntnisse und Technologien so einfach und verständlich wie möglich zu erklären. Ein weiterer Marktführer auf dem Gebiet Blockchain ist Joseph Lubin (CONSENSYS) und Brock Pierce (EOS)

Twitter

Obwohl diese Plattform in Deutschland nicht allzu große Beliebtheit genießt, ist sie in Amerika und dem Rest der Welt sehr stark vertreten. Man erkennt die Größe einer Community hinter der Kryptowährung, die Aktivität des Teams und Einblicke in die potentielle Entwicklung. Folge interessanten Cryptocoins auf Twitter und bleibe immer auf dem neuesten Stand.

Interessante Twitter-Profile

- Tai Lopez

- Bitcoin Crypto Mastermind

- Vitalik Buterin

- Dr. Julian Hosp

- William A. Duplessie

- Brian Armstrong

- John McAfee

- Elon Musk

- Gary Vaynerchuck

- Michael Novogratz

- Brock Pierce

- Binance

- Bittrex

- Poloniex Exchange

- Coinbase

Medien und Nachrichten

Ich benutze Mainstreamnachrichten niemals, um mich tiefer über irgendeine Materie, geschweige denn über die Blockchain, zu informieren. Eine Zeit lang sprach sogar mein Friseur bei jedem meiner Besuche über Bitcoin. Google Trends verdeutlichten, dass die Nachfrage für Bitcoin in die Höhe schoss. Als ich 1+1 zusammenzählte, entschied ich mich, für eine kurze Zeit in Bitcoin zu investieren und wieder zu verkaufen, bevor es zu einem Dip kam. Dies war Anfang Dezember, als der Bitcoin von $20.000 auf $13.000 fiel. Ich hatte zuvor eine große Menge € in Bitcoin investiert und war wieder ausgestiegen, als er einen negativ Trend ($18.500) verzeichnete (Fibonacci Ret!). Die Google-Trendanzeige deutete weniger Suchvolumen an und zur gleichen Zeit stichelte der „Wolf of Wallstreet" Jordan Belfort[48] immer mehr gegen den Bitcoin: Aussteigen! Dies war ein kurzer und vorhersehbarer Trade und brachte gutes Taschengeld ein.

Durch Mainstreammedia hast du die Möglichkeit, zu verfolgen, was die meisten Menschen gerade denken und tun. Wenn Bitcoin in aller Munde ist, wird der Markt steigen, da die Nachfrage steigt. Nichtsdestotrotz kann man den Informationen der Medien nicht vertrauen, da sie von halbwissenden Reportern und Journalisten geschrieben sind, die (1) viel mit Clickbait arbeiten und somit Themen auswählen, auf die so viele Leute wie möglich klicken. Jeder noch so kleine Dip im Marktwert wird als Blase abgestempelt. Niemand erwähnt, dass der Markt zuvor um 300% stieg bevor er um -40% fällt. 7 von 10 Nachrichten sind nicht informativ, schlecht recherchiert und genügen nicht, dich tiefer mit der Materie zu beschäftigen. Im Folgenden befindet sich eine Liste meiner Lieblingsüberschriften, welche jede Woche mindestens einmal auftauchen:

- Bitcoin ist um 10% gefallen, diesmal platzt die Blase wirklich!

- Ist Bitcoin eine Blase?

- Dieser Guru behauptet, dass Bitcoin keine Zukunft hat.

- Bitcoin wurde gehackt und Millionen von Euro wurden geklaut!

- Die Kryptoblase fällt, verkaufe sofort!

15 DEIN KOSTENLOSES BONUSVIDEO

Als zusätzliches Geschenk habe ich, ausgehend von diesem Buch, ein kleines Bonusvideotraining angefertigt, das dir die wichtigsten Informationen noch einmal mit auf den Weg gibt. Dieses Video beinhaltet viele wichtige Informationen, die für dich im Laufe deiner Investmentkarriere wichtig sein werden. Außerdem erhältst du durch diese Seite expliziten Zugriff auf meine Testgruppe, sofern sie geöffnet ist. Falls du am Anfang des Kapitels „Alle Wege führen zu BTC oder ETH" noch nicht dieses Video angesehen hast, erhältst du nun erneut die Möglichkeit.

Die „Kryptowährungen und Bitcoin Investmentprogramm"-Testgruppe

Auf derselben Seite befindet sich eine Anmeldungsmöglichkeit zur exklusiven Testgruppe. Nach langer Überlegung, wie ich am meisten Informationen vermitteln kann, bin ich zu dem Entschluss gekommen, eine exklusive Testgruppe zu etablieren. Ich werde diese Testgruppe vorerst für eine gewisse Anzahl an Leuten freigeben. Sobald die Plätze vergeben sind, erhalten die Mitglieder neben Videotrainingseinheiten noch Zugriff auf eine exklusive Facebook-Gruppe, Livetelefonate und vieles mehr. Nach einer erfolgreichen „Kryptowährungen-Ausbildung" eröffne ich die Testgruppe erneut für neue Schüler und helfe zusammen mit den „alten Hasen" den neuen Mitgliedern.

www.aposvalley.de/BITCOIN

16 FAZIT 2018:
WIR STEHEN NOCH AM ANFANG

Es ist unmöglich, die Blockchain aufzuhalten. Blockchain gehört jedem Besitzer des Netzwerkes – Jeder, der die Blockchain benutzt, ist die Blockchain. Oder es in den Worten von Mike Novogratz auszudrücken:

„Regulators can't kill entrepreneurs spirit!"
- Mike Novogratz

Kurse werden einstürzen, Kurse werden steigen und die Kurse werden dominieren. Ich hoffe, du hast durch die Lektüre dieses Buches ebenfalls die möglichen Felder und das Potential der Blockchain entdeckt. Die Welt befindet sich im Umbruch und wir stehen am Anfang eines langfristigen Spiels. Viele Leute verwechseln das Investieren mit einem Sprint und genießen währenddessen nicht den anhaltenden Marathon.

Ich bedanke mich bei dir, dass du dir die Zeit und Lust genommen hast, dieses Buch durchzulesen und dich weiterzubilden. Ich bin auf eine kurze und ehrliche Rezension gespannt, was dir in diesem Buch am besten gefallen hat. Zu guter Letzt hoffe ich, dass wir in Verbindung bleiben, insofern du dich für dieselben Themenfelder interessierst. Ich wünsche dir unglaublichen Erfolg auf deinem Weg.

Wenn du dich nicht um deine finanzielle Freiheit kümmerst, wird es kein anderer tun. Der Kryptomarkt steht erst am Anfang und wir stehen vor einem unmittelbaren Milliardenanstieg. Wann steigst du mit ein?

Dein Apo Svalley

BONUS #1:
FOMO UND DIE GIER NACH MEHR

Ich machte die Chartanalyse und war mir zu 100% sicher, dass dieser Coin sinken würde. Obwohl ich es logisch verarbeitete, war der Dopaminanstieg über die vergangenen Gewinne zu hoch und ich dachte nicht mehr nach: "Was ist, wenn er jetzt doch ansteigt und ich den ganzen Anstieg verpasse?"

Dieser Tag verlief so gut! Ich sah nur noch grüne Zahlen und strahle über das ganze Gesicht. Als ich mit meiner Freundin telefonierte, bemerkte ich, dass die ETH-Nachfrage immer weiter sank. Ich war jedoch so in meinem emotionalen Glücksgefühl gefangen, dass ich es logisch verstand, aber emotional nicht wahrhaben wollte. Auch wenn das für dich unverständlich klingen mag, war ich so tief in meinen Emotionen gefangen, dass ich nicht rational nachdachte. Ich sah dieses Bild vor mir und das einzige, was mir durch den Kopf ging, war der Gedanke, dass sich das schon wieder richtet. Das war ein teurer Schlaf! Als ich das nächste Mal die Graphen ansah, erwartete mich ein unglaublicher Verlust: -20%!

Diese Illusion hat mich über Nacht mehrere tausende Euros gekostet. Wieso habe ich meine Anteile vor dem Schlaf nicht nochmal verkauft? Diese (schmerzhafte) Lektion brachte mir zukünftig jedoch mehr Geld ein, als ich damals verlor. Ich hatte nämlich etwas Wichtiges gelernt: Vertraue beim Traden niemals deinen Emotionen, sondern nur deinem logischen Verstand. Meine Eltern versuchten ständig, mir während meiner Jugend Tipps mit auf meinem Weg zu geben, die ich nicht verstand, bis ich sie selbst durchlebte. Du wirst auf deinem Weg deine eigenen Lektionen durchleben. Zwar hast du wahrscheinlich wie ich damals Glück, da der ETH Kurs langfristig profitabel ist, aber in wenigen Jahren musst du das Spiel verstanden haben. Sieh es momentan noch als kleine Lernphase.

BONUS #2:
CRYPTOCOINS ZUM VERMEIDEN

Natürlich können sich unsere Meinungen unterscheiden und meine Meinung könnte grundlegend falsch sein. Dies sind ebenfalls keine Investitionstipps, sondern Meinungen zu jeweiligen Kryptowährungen. Schreibe mir gerne eine Kritik unter info@aposvalley.de mit deinen Argumenten und wir können darüber diskutieren.

BITCONNECT

Während ich dieses Buch geschrieben habe, ist der Preis von Bitconnect von $400 auf $20 gefallen. Ich wusste, dass dieser Tag kommen würde: Bitconnect ist ein Pyramidensystem, welches eine jährliche Rendite von mehr als 100% verspricht. Wie soll das langfristig funktionieren?

IOTA

Anfangs dachte ich, dass dies eine sehr gute und innovative Technologie sei, doch es kristallisieren sich immer mehr Schwächen und Probleme heraus. Das System ist nicht sicher und anfällig für Hackangriffe. Wir können nur hoffen, dass IOTA diese Probleme langfristig lösen kann. Falls dies geschieht, sehe ich eine blendende Zukunft für IoT-Anwendungen.

RIPPLE

Ripple ist keine dezentralisierte Kryptowährung, sondern regelrecht eine innovativere Art, Geld zu versenden. Ripple arbeitet momentan mit sehr vielen Banken zusammen, wohingegen viele Banken nur die Plattform benutzen und nicht die Kryptowährung. Außerdem hat das Netzwerk bereits jetzt Probleme mit der Anzahl der Transaktionen.

TRON

Das Team wurde gegründet, als der Hype um Kryptowährungen richtig losging. Die Webseite ist voll mit leeren Phrasen. Außerdem genießt diese Währung momentan viel Hype. Whitepaper und Roadmap sind durchschnittlich.

VERGE

Das Team dahinter stellt Verge als „Privatkryptowährung" dar, was nicht der Wahrheit entspricht, falls man einen genaueren Blick auf die Technologie und die Codierung dahinter ansieht.

BONUS #3:
KRYPTOMARKTCRASH UND PANIK –
WIE SOLL ICH MICH VERHALTEN?

In volatilen Märkten finden einige Male im Jahr Korrekturen von 50% statt. Und manchmal kann es mehr als 60% sein. Manchmal können diese niedrigeren Preise sogar für eine kurze Zeit anhalten. Hoffentlich hast du während dieses Buches gut aufgepasst und dich dazu entschieden, nicht dein ganzes Investitionskapital auf einmal zu investieren. Teile diesen Betrag durch 6 und kaufe 1/6 der Summe in jedem Monat ein. Baue dein Portfolio strategisch auf, indem du an Ausfalltagen kaufst. Heute wäre im Falle eines Einsturzes ein guter Kauftag. Aber verschwende nicht deine ganze Ladung auf einmal. $700 ist 50% niedriger als der Höchststand von Ethereum. Nichtsdestotrotz solltest du bereit sein, den Abzug erneut zu betätigen, falls die Preise weiter fallen. Stellar ist momentan mehr als 50% unter dem Höchststand. Aber da XLM in nur 4 Monaten über 1000% gestiegen ist, ist ein steiler Fall ganz normal. Falls dir die Technologie bei 90 ct zugesprochen hat, dann wird sie dir bestimmt auch bei

40 ct noch gefallen.

Was wird morgen passieren? Ich habe keine Ahnung. Aber ich weiß, dass Ethereum-Transaktionen 1000% pro Jahr anwachsen, und Stellars Transaktionen ebenfalls steigen. Außerdem lese ich ebenfalls, dass IBM das Volumen im zweiten Quartal "signifikant" erhöhen wird. Deshalb besitze ich diese Tokens und plane, diese für Jahre zu halten. Die Preisvolatilität ändert meine Ansicht dazu nicht.

Wenn du versuchst, eine Position von Krypto-Münzen in deinem Portfolio aufzubauen, und du dich bereit fühlst, dann ist heute ein Tag, an dem du dir deine Position aufbauen kannst. Sei im Falle des Weitersinkens jedoch ebenfalls froh, noch mehr für einen niedrigeren Preis einzukaufen.

ANERKENNUNGEN

Das erste Mal wurde mir mit 18 Jahren bewusst, dass ich so schnell wie möglich Verantwortung über meine finanzielle Freiheit übernehmen muss. Zu dieser Zeit arbeitete ich wochenlang auf Palma de Mallorca, Spanien. Zum Anfang meines 20. Lebensjahres entschied ich mich dazu, mich vollständig auf Online Marketing und Investments zu konzentrieren. Dies ist das erste Buch, das ich zum Thema Investieren und finanzielle Freiheit schreibe. Ich danke all meinen Mentoren, die mich auf diesem Weg tatkräftig unterstützt haben und jederzeit an mich glaubten. Ohne euch wäre ich nicht in der Situation nun anderen Menschen zu helfen. Ähnlich wie Arnold Schwarzenegger möchte ich mich ebenfalls bei all meinen Mentoren bedanken, die mich auf meinem Weg im Onlinemarketing und Investieren unterstützt haben. Dazu zählen vor allem Tai Lopez, Gary Vaynerchuck und Grant Cardone. Ihr seid eine große Inspiration.

„Governor/Governator/Arnold/Arnie/Schwarzie/Schnitzel (depending on where I am), as a self-made man, what's your blueprint for success?"

They're always shocked when I thank them for the compliment but say, „I am not a self-made man. I got a lot of help."

- Arnold Schwarzenegger, Vorwort im Buch „Tools of Titans"

BONUS #4:
ZUSÄTZLICHE NOTIZEN

Als kleinen Bonus habe ich dir passend zu allen wichtigen Themen die informativsten Internetbeiträge herausgesucht, sodass du intensiver nachforschen kannst, falls du dich näher mit einem Thema befassen möchtest. Falls du im Laufe des Buches die Zahlen nicht bemerkt hast, hast du nun die Möglichkeit, die wichtigsten Notizen nachzulesen.

Kapitel: Das Internet und die verpasste Riesenchance

1 Ubers Börsenwert überschreitet 70 Milliarden Dollar. https://de.statista.com/statistik/daten/studie/217485/um frage/marktwert-der-groessten-internet-firmen-weltweit/

2 Gigant Walmart schließt Anfang 2018 erneut mehr als 60

Shops.
https://www.cnbc.com/2018/01/12/heres-a-map-of-where-walmart-is-closing-more-than-60-sams-club-stores.html

3 Toys-r-us zweifelt Anfang des 21. Jahrhunderts an der Relevanz des Internets, übergibt Amazon Onlineaufträge und bezahlt Jahre später die Rechnung hierfür.
http://www.zeit.de/wirtschaft/unternehmen/2017-09/toys-r-us-spielzeugwaren-insolvenz-usa

4 Netflix wird zu einer der erfolgreichsten Unternehmen der Welt, wohingegen Blockbuster die Insolvenz anmelden muss.
https://www.welt.de/wirtschaft/article9826064/Groesste-US-Videothekenkette-meldet-Insolvenz-an.html

5 Marktwert eines ETH Cryptocoins
https://coinmarketcap.com/currencies/ethereum/

6 Tesla Roadster orten
https://motherboard.vice.com/de/article/bj5jgq/roadster-diese-website-trackt-elon-musks-tesla-im-weltall

Kapitel: Bankcrash und die Entstehung von Bitcoin

7 Eine Schockwelle geht um die Welt.
https://www.lpb-bw.de/finanz_und_wirtschaftskrise.html

8 Das Bitcoin Whitepaper Orginaldokument
https://bitcoin.org/bitcoin.pdf

9 Bitcoin Whitepaper übersetzt in die deutsche Sprache.
https://www.bitcoin.de/de/bitcoin-whitepaper-deutsch-html

10 Zwischen Disruption und Spekulation: Von Bitcoin, Blockchain und digitalem Geld, Carl-Ludwig Thiele, Frankfurt am Main, 10.11.2016
https://www.bundesbank.de/Redaktion/DE/Reden/201 6/2016_11_10_thiele_finanzgipfel.html

Kapitel: Darknet und Bitcoin – die Illegale Unterwelt des Internets Silk Road

11 Deutsche Bahn: Unglaubliche Verluste durch das Darknet
https://www.golem.de/news/darknet-betrueger-machen-kreditkarten-mit-bahntickets-zu-geld-1610-123993.html

12 SilkRoad Wikipediaartikel
https://de.wikipedia.org/wiki/Silk_Road

13 Lebenslange Haft für Ross Ulbricht
https://www.stern.de/digital/online/silk-road--ross-ulbricht-zu-lebenslanger-haft-verurteilt-3971460.html

14 Verfilmung SilkRoad
https://www.amazon.de/Silk-Road-K%C3%B6nige-Darknets-Blu-ray/dp/B0764GG8RM

15 Tippe den öffentlichen Schlüssel ein und du kannst jede Transaktion nachverfolgen
https://blockchain.info/

Kapitel: Was ist Blockchain und in welchen Industrien wird Blockchain angewendet?

16 Marktkapazität von Bitcoin gegenüber alternativen Kryptowährungen
https://coinmarketcap.com/charts/

17 Bitcoin Charts
https://coinmarketcap.com/currencies/bitcoin/

18 Ethereum Charts
https://coinmarketcap.com/currencies/ethereum/

19 Stellar Lumens Charts
https://coinmarketcap.com/currencies/stellar/

20 Verge Charts
https://coinmarketcap.com/currencies/verge/

Kapitel: Proof of Work

21 Erste Transaktion auf dem Lightning Network nach
Jahren der Entwicklung
https://www.btc-echo.de/weltweit-erste-transaktion-auf-
lightning-network-durchgefuehrt/

22 Erste Lightning-Transaktion auf der Bitcoin Blockchain
https://bitcoinblog.de/2018/01/18/die-ersten-lightning-
transaktionen-auf-dem-echten-bitcoin-netz/

Kapitel: Proof of Work und Mining – Lohnt sich das noch?

23 China versucht Miningpools abzuschaffen
https://www.gruenderszene.de/allgemein/china-krypto-miner-verbot

Kapitel: Proof of Stake

24 Ethereum wechselt vermehrt auf Proof of Stake
https://www.btc-echo.de/proof-of-stake-dank-casper-die-zukunft-vom-ethereum/

Kapitel: Welche Industrien wird die Blockchain einnehmen?

25 Banken investieren Milliarden in digitale Codes
https://www.3sat.de/page/?source=/makro/doku/19520
3/index.html

26 32 Sammelanklagen gegen Intel
https://www.pcwelt.de/a/meltdown-und-spectre-32-sammeklagen-gegen-intel,3449803

27 Forscher entdecken Anfang 2018 schwere
Sicherheitslücken in Prozessoren
https://www.gdata.de/blog/2018/30323-spectre-
meltdown

28 Seit längerer Zeit sind die Sicherheitslücken „Spectre
und Meltdown" bekannt
https://www.golem.de/news/spectre-und-meltdown-cpu-
bugs-sind-laut-google-schon-seit-juni-2017-bekannt-1801-
131958.html

29 Augur Projekt
http://www.augur.net/

30 Nächstenliebe 2.0 Bitgive
https://www.bitgivefoundation.org

31 Consensys – ermöglicht Unternehmen eine
dezentralisierte Struktur aufzubauen
https://new.consensys.net/

32 GEM – Die neue Art und Weise Dateien zu speichern
und weiterzugeben
https://gem.co/

33 Tierion – Die neue Art und Weise Dateien zu speichern und weiterzugeben
https://tierion.com/

34 Mycelium – Kunden zahlen direkt Artisten.
https://gear.mycelium.com/

35 OpenBazar – P2P Onlinehandel
https://www.openbazaar.org/

36 Ubitquity – Blockchainbasierte Immobilienbuchhaltung
https://www.ubitquity.io/web/index.html

37 Fiverr – Plattform, um billige und effiziente Freeworker einzustellen.
https://www.fiverr.com/

38 Upwork – Plattform, um billige und effiziente Freelancer einzustellen.
https://www.upwork.com/

39 Colony – Dezentralisierte Freelancer Plattform
https://colony.io/

Kapitel: Wie verstaue ich meine Kryptowährungen am sichersten?

40 Ledger Nano S – Hardwarewallet
https://www.ledgerwallet.com/

41 Trezor Wallet – Hardwarewallet
https://trezor.io/

Kapitel: Geschwindigkeit der Transaktionen

42 Lightning Network senkt Strombedarf von Bitcoin
http://bizz-
energy.com/blockchain_projekt_lightning_network_koen
nte_bitcoin_strombedarf_senken

43 Erste BTC Transaktion auf Lightning Network
durchgeführt
https://www.btc-echo.de/weltweit-erste-transaktion-auf-
lightning-network-durchgefuehrt/

44 Ersten Lightning Transaktionen auf dem BTC Netz
https://bitcoinblog.de/2018/01/18/die-ersten-lightning-
transaktionen-auf-dem-echten-bitcoin-netz/

45 Lightning Network Wikipediaartikel
https://en.wikipedia.org/wiki/Lightning_Network

Kapitel: Wie viele Applikationen laufen auf der Plattform?

46 OmiseGo
https://omisego.network/

Kapitel: Viele ICO's sind Scamprojekte

47 Useless Ethereum Token
https://uetoken.com/

Kapitel: Medien und Nachrichten

48 Wolf of Wallstreet Jordan Belfort stichelt gegen Bitcoin
https://www.finanzen.net/nachricht/devisen/digitaler-betrug-34-wolf-of-wall-street-34-sieht-keine-zukunft-fuer-den-bitcoin-57274944

ÜBER DEN AUTOR

APO SVALLEY ist Vorsitzender und CEO von SvalleyMedia, eine Social Media Marketing Agentur, die sich in erster Linie darauf spezialisiert, Unternehmen in verschiedenen Branchen durch Unternehmensstrategien und Social Media Marketing zu unterstützen. Tochterunternehmen SvalleyUniversity spezialisiert sich durch Veröffentlichungen von Büchern, Videokursen und kostenlosen Videos auf die Weiterbildung und Ausbildung interessierter Unternehmer und Selbstständige. Nachdem Apo jahrelang die Welt bereiste, entschied er sich im jungen Alter von 21 nach München zu ziehen und seine unternehmerischen Gedanken Realität werden zu lassen.

APO SVALLEY